연 매출 10억! 손님이 몰리는 펜션

펜션 광고 마케팅

김성택 지음

연 매출 10억! 손님이 몰리는 펜션

펜션 광고
마케팅

두드림미디어

프롤로그

많은 펜션 사업자가 저에게 컨설팅을 받으면서 광고 부분에 대한 고민을 털어놓습니다.

"저는 인터넷을 잘할 줄 몰라요."

"컴퓨터를 잘 다루지 못해서 온라인 마케팅을 할 자신이 없어요."

"펜션 운영하느라 시간이 없어서 블로그나 SNS 할 시간이 없어요."

이러한 여러 가지 이유로 펜션을 온라인에 광고하는 것을 어려워하고 있습니다. 펜션을 광고하기 위해서는 수많은 광고 방식이 있습니다. 그리고 여러 가지 다양한 광고를 진행하면 분명히 펜션 매출 향상에 도움이 되는 것도 맞습니다. 하지만 펜션 운영자가 세상에 나와 있는 여러 가지 광고 방식을 모두 집행할 수는 없습니다. 최근 유튜브나 블로그를 보면, 온라인 마케팅에 관해 여러 가지 새로운 방법을 소개하는 내용을 많이 접할 수 있습니다.

하지만 그 많은 내용을 모두 알 필요는 없습니다. 지금까지 얼마나 많은 온라인 서비스들이 만들어졌다가 사라지거나 관심에서 멀어졌나요? 싸이월드, 미투데이, 카카오 스토리 등 너무나도 많습니다. 그러니 마케팅에 필요한 새로운 무언가가 나왔다고 해서 그 기능적인 부분들을 배우기 위해 시간과 노력을 투자하고, 또 '과연 잘할 수 있을까?' 하고 걱정할 필요가 없습니다. 제가 이 책에서 설명하는 부분은 컴퓨터, IT, 온라인 등 기술적인 부분을 담은 어려운 내용이 아니기 때문입니다. 그리고 만약 기술적인 부분이 부족하면 주변의 도움을 받으면 됩니다. 펜션 운영자가 모든 것을 알 필요는 없습니다. 제가 알고 있는 '대박 펜션' 사장들을 보면 마케팅 전문가만큼 광고에 대해 잘 아는 사람도 드뭅니다. 하지만 광고가 흘러가는 방식은 모두 잘 이해하고 있습니다. 결국 펜션 마케팅의 방향을 운영자가 잘 정하고, 앞으로 나아가는 큰 방향을 잡는 것이 가장 중요합니다.

저는 과거에 펜션 전문 광고 회사도 운영해봤고, 직접 펜션도 운영해봤습니다. 그리고 여러 대행사에 펜션 광고도 맡겨봤습니다. 펜션 광고에 대해서 충분히 이해하고 있는 입장에서 이야기하자면, 실제로 펜션 운영자가 직접 펜션을 운영하면서 모든 광고를 직접 집행하는 것은 쉽지 않다는 것입니다. 그렇다고 많은 돈을 들여서 모든 광고를 대행사에 맡겨서 운영할 수도 없습니다. 그렇기에 펜션 광고는 매우 탄력적으로 운영해야 합니다. 어떤 부분은 펜션 운영자가 광고에 직접 개입하고, 또 어떤 부분은 대행을 맡겨야 할 때도 있을 것입니다.

어떤 부분을 광고 대행을 맡길지, 그리고 사업자가 직접 해낼 수 있을지에 대한 것까지도 이 책에 담았습니다. 독자분들에게 가장 합리적인 광고 방식이 무엇인지 이해할 수 있는 기반이 되어줄 것으로 생각합니다.

독자 여러분 모두, 펜션으로 안정적이고 여유 있는 삶을 갖기를 바랍니다.

김성택

Thanks to

책이 나오기까지 기다려준 유튜브 구독자님들과 카페 회원님들, 그리고 가족들에게 감사합니다.

차례

마케팅 글쓰기 노하우
Chapter 04
- 네이버 설명 문구, 인스타그램 프로필, 블로그, 인스타그램 글쓰기 방법

가장 현실적인 블로그 광고 노하우
Chapter 05
- 인스타그램, 페이스북 등

Chapter 06 가장 현실적인 네이버 카페 광고 노하우

Chapter 07 카카오톡 마케팅 노하우

Chapter 08 인스타그램 광고 노하우

Chapter 09 네이버 광고 노하우 - 세팅 편

펜션 광고?
펜션 홍보?
펜션 마케팅?

펜션을 네이버 플레이스에 등록하면 무수히 많은 광고 대행사의 전화를 받게 됩니다. 문제는 이런 광고 대행사 중 어떤 곳이 잘하는 곳인지, 그리고 펜션 사업자에게 필요한 광고가 무엇인지 알 수가 없다는 것입니다. 어차피 펜션 광고는 펜션 사장이 모두 다 진행할 수도 없고, 그럴 필요도 없습니다. 자동차를 예로 들면 광고의 방향을 더 이해하기 쉬울 것입니다. 자동차를 운전하기 위해서는 운전 기술만 익히면 됩니다. 자동차를 어떻게 관리하는지, 어떻게 수리하는지 다 알 필요는 없습니다.

저도 마찬가지입니다. 운전은 잘하지만 자동차 뚜껑을 열어놓으면 뭐가 뭔지 잘 모릅니다. 자동차는 제가 가고자 하는 목적지로 저를 이동시켜주는 역할이면 충분합니다. 최근에는 자동 주행 시스템도 너무 잘되어 있어서 운전자의 역할마저도 점차 줄어들고 있습니다. 광고도 마찬가지입니다. 모든 광고를 깊게 알 필요도 없습니다. 그리고 광고에 대해서 모두 다 알고, 모든 광고를 직접 집행할 생각을 할 필요도 없습니다. 합리적인 광고를 통해 원하는 목적만 달성하면 그만입니다.

물론 몇 가지 부분은 사업자가 직접 광고를 집행해야 할 때가 있습니다. 그리고 나머지 부분은 광고 대행을 맡겨야 하는데, 그때 사업자는 광고 대행이 어떻게 돌아가는 것인지 알아야 맡길 수 있을 것입니다. 그러니 펜션 광고의 기본 원리를 이해하는 것이 중요합니다.

1. 펜션 광고, 홍보, 마케팅의 정의

일단 펜션 광고, 홍보, 마케팅이 무엇인지 알아야 합니다. 대부분 비슷하게 이용되기는 하지만, 보통 펜션 광고는 네이버 파워링크 광고나 '야놀자', '여기어때'의 상단 노출을 위한 광고, 인스타그램 홍보하기 버튼을 눌러 광고비를 집행하는 광고를 말합니다. 즉, '네이버', '야놀자', '메타(인스타그램)' 등에 결제하고 노출을 이끌어내는 방식을 말합니다.

'홍보'는 보통 네이버 블로그 작업, 인스타그램 업로드 작업, 네이버 카페, 네이버 지식인 등 직접 글을 작성해서 노출을 이끌어내는 작업을 말합니다. 그래서 펜션 홍보는 손품을 많이 팔아야 하는 노가다 작업이라고도 합니다. 그리고 '마케팅'은 펜션을 잘 팔기 위한 모든 방법을 포함하는 개념입니다. 결국 모두 비슷한 말이라고 보면 됩니다. 하지만 광고 대행사에서는 이 2가지를 나누어 이야기하니 그들이 이야기하는 방식을 알아두면 좋습니다.

많은 펜션 운영자가 광고 집행을 망설이는 경우가 많습니다. 하지만 광고는 지출이 아니라 투자입니다. 낚시꾼은 물고기를 잡기 위해서 낚싯바늘만 물에 넣는 것이 아닙니다. 돈을 들여 떡밥을 사서 물고기가 보이지도 않는 물가에 떡밥을 뿌려놓습니다. 과연 낚시꾼들에게 떡밥을 사는 것은 불필요한 투자라고 할 수 있을까요? 물고기를 낚는 낚싯대를 구입하는 것만 좋은 투자라고 할 수 있을까요?

만약 투자한 만큼의 결과를 만들 수 있다는 확신이 있다면 주저 없이 광고를 할 수 있을 것입니다. 그러나 많은 펜션 사업자들이 광고의 필요성은 잘 알고 있지만 어떤 원리로 진행이 되는지, 그리고 해당 광고가 어떤 결과를 만들어내는지 잘 모르기에 광고를 집행하는 것에 거부감과 두려움을 갖고 있습니다. 또는 소극적인 광고를 하는 펜션의 경우, 광고는 그저 광고 대행사에 돈을 주면 알아서 해주는 것이라고 생각하는 경우가 많습니다. 이는 매우 위험하고 소극적인 마케팅 전략이 아닐 수 없습니다.

우리나라는 펜션을 포함한 소상공인들의 수만큼 광고 대행사도 수없이 많습니다. 그래서 펜션 마케팅에 대한 오랜 노하우를 가지고 있는 광고 대행사를 만난다면 다행이지만, 펜션에 대한 지식이 없는 광고 대행사라도 만난다면 불필요하게 광고비만 물 쓰듯이 쓰고 좋은 결과를 만들지 못할 수도 있습니다. 하지만 광고를 잘하는 곳인지 못하는 곳인지, 초보 사장들은 알 수가 없습니다.

더군다나 광고를 제안하는 텔레마케터의 말솜씨는 귀가 쫑긋할 정도로 매력적으로 들리기 때문에 혹하는 마음에 광고 대행비를 선뜻 내놓기도 합니다. 하지만 그들은 결국 '해당 업종의 마케팅 전문가'가 아니라 '전문 텔레마케터임'을 알아야만 합니다. 절대로 그 말에 현혹되어서는 안 됩니다.

만약 여러 가지 이유로 사장이 직접 홍보나 광고를 집행할 수는 없다고 해도 광고 방법과 과정은 모두 알아야 합니다. 그래야만 불필요한 광고를 막을 수 있을 뿐만 아니라, 펜션을 운영하는 기간이 늘어남에 따라 내 펜션에 최적화된 광고와 홍보 방법을 적용하면서, 더 높은 매출을 위한 사업계획을 짤 수 있게 됩니다.

펜션의 운영자는 내 소비자들(타깃 그룹)의 성향을 이해하고, 펜션 실정에 맞는 홍보 기술을 익혀야 합니다. 그리고 그것을 꾸준히 실천해야 합니다. 하지만 제가 만나 본 많은 사업자들은 빠른 결과(이익)를 바라지만, 좋은 결과를 만들기 위한 내공은 부족한 경우가 태반이었습니다. 아무리 훌륭한 디자인으로 펜션을 만들어놓았다고 해도 손님들이 찾아와주지 않는다면, 그 디자인의 가치가 무색해집니다. 펜션을 운영하면서 광고와 홍보 방법을 익히느라 고생을 하는 것보다 창업 전, 좀 더 여유로운 시간이 있을 때 홍보 노하우를 익혀놓아야 합니다.

2. 현재 펜션의 상태를 알아보기 위한 방법

"어떻게 해야 광고를 잘할 수 있나요?"
"어떻게 해야 영업률이 오르는 광고를 잘할 수 있을까요?"
많은 분들이 저에게 이러한 질문을 하십니다.

펜션 사업 컨설팅 의뢰를 받고 의뢰자의 펜션 홈페이지나 네이버 플레이스를 보면 리뷰가 4~5개밖에 없습니다. 리뷰가 많아야 소비자의 관심을 더 끌 수 있다는 것은 당연하지만, 그것조차 파악하지 못하는 분들도 있습니다. 또는 홈페이지나 플레이스에 노출된 사진이 누가 봐도 매력이 없음에도 불구하고 '소비자들이 왜 내 펜션에 관심이 없을까?'라며 고민합니다. 이런 경우라면 안 좋은 광고 대행 업체들의 먹잇감이 되기 딱 좋습니다.

그러니 기본적인 부분은 알고 시작해야 합니다.

펜션 영업이 잘되도록 하려면 인터넷 어디에 어떻게 노출되어야 광고를 잘하는 것일까요? 노출되는 공간은 많으면 많을수록 좋지만, 우리는 선택과 집중을 해야 합니다. 제가 펜션의 광고 컨설팅을 할 때 파악하는 곳은 보통 10가지 정도입니다.

① 보유한 사진 수준
② 홈페이지의 수준
③ 네이버 플레이스의 노출 수준(사진과 글의 수준, 링크 구성, 리뷰 수 등)
④ 네이버 블로그 리뷰 수
⑤ 네이버 예약 노출 수준(사진과 글의 수준)
⑥ 네이버에서 메인 키워드 검색 시 노출 범위와 콘텐츠 수(광고, 블로그, 카페, 지
　식인, 동영상, 웹페이지 등)
⑦ 네이버 파워링크 세팅 수준 및 노출
⑧ 구글 및 구글 비즈니스 프로필 노출 수준
⑨ 제휴업체 등록 및 노출 수준(에어비앤비, 야놀자, 여기어때 등)

⑩ 인스타그램 노출 수준(사진과 영상 수준, 리뷰 수, 프로필 세팅, 좋아요와 팔로워 수)

적어도 이 10가지 공간은 꼭 잘 관리해서 노출되어야 합니다. 물론 이 외에도 노출이 될 수 있는 곳은 얼마든지 있습니다. 다음(DAUM)에서도 노출될 수도 있고, 페이스북, 네이버 밴드 등 여러 가지가 있지만, 집중해야 할 곳은 앞서 소개한 10가지입니다. 이 10가지를 모두 해결했다면, 그 이후에 노출할 공간을 하나씩 더 찾아 광고하면 됩니다. 파워링크나 네이버 예약, 스마트 플레이스, 구글 마이비즈니스 등 앞서 소개한 10가지가 무엇인지, 지금 당장 이해하지 못해도 됩니다. 이 책에서 소개하는 내용을 하나씩 습득하다 보면 어떻게 등록하고 광고해야할지 금세 이해하게 될 것입니다.

펜션 광고용 사진의
수준을 높이는 법

　수준 높은 펜션 사진은 영업력을 높입니다. 그리고 모든 광고에 가장 기본이 되는 것이 바로 사진(이미지)입니다.

　펜션 사진의 수준은 영업의 경쟁력을 높입니다. 경쟁력 있는 멋진 결과물, 즉 멋진 사진을 홈페이지뿐만 아니라 네이버 플레이스, 네이버 예약, 에어비앤비, 인스타그램 등 다양한 플랫폼에 올려야 합니다. 치열하게 경쟁하면서 영업해도 될까 말까 한데 어설픈 사진을 올릴 수는 없습니다. 그러니 매력적으로 보이는 사진은 많을수록 좋습니다.

　펜션 사업자가 수준 높은 펜션 사진을 구할 수 있는 방법에는 여러 가지 경로가 있지만, 일반적으로는 펜션 홈페이지를 만들 때 수준 높은 사진을 얻게 됩니다. 펜션 홈페이지를 제작할 때 수많은 촬영 결과물이 나옵니다. 하지만 그중 홈페이지에 사용되는 사진은 40~50여 장 정도입니다. 즉, 홈페이지 제작 회사에서는 촬영된 사진 중 40~50장 정도의 사진을 정성껏 보정한 후 홈페이지를 제작하고, 펜션 업주에게 결과물(보정 사진)을 전달합니다.

펜션 사업 초기에는 40~50장 정도의 멋진 사진을 이용해 인터넷 곳곳에 올려서 펜션의 이미지를 멋지게 노출할 수 있습니다. 하지만 인터넷 공간에 같은 사진만을 계속 반복해서 올릴 수는 없습니다. 그리고 사진의 유행과 스타일은 매우 빠르게 변하고 있기 때문에 촬영된 후 1년만 지나도 올드한 느낌이 나기도 합니다. 그래서 펜션 광고를 잘하기 위해서는 지속해서 새로운 사진이 등록되어야 하고, 항상 감각적이고 세련된 사진을 확보해 인터넷 공간에 가장 멋진 모습이 남아 있도록 노력해야 합니다. 이러한 노력은 펜션 마케팅의 기본입니다.

펜션 사업은 소비자의 눈을 사로잡는 사진 몇 장만 있으면 성공적인 영업이 가능합니다. 하지만 항상 새롭고 멋진 사진을 만드는 것은 쉽지 않습니다. 사진 촬영 능력이 좋다면 문제 될 게 없지만, 대부분은 멋진 사진을 촬영할 장비와 기술이 부족해 결국 스마트폰으로 촬영한 평범한 이미지의 사진을 인스타그램이나 블로그 등 인터넷에 올리면서 홍보 활동을 하게 됩니다. 펜션의 인지도와 인기가 높아진 상태라면 여유 있게 평범한 사진을 올려도 되겠지만, 펜션의 이미지를 소비자들에게 각인시켜야 하는 사업 초기에는 사진 한 장을 올리더라도 주목받을 만한 멋진 사진을 사용해야 합니다. 그렇기 때문에 직접 할 수 없다면, 사진 전문가를 섭외해 많은 사진을 촬영하고, 많은 결과물을 얻어야 합니다.

1. 광고하기 좋은 사진이란?

그렇다면 어떤 사진이 광고하기 좋은 사진일까요? 좋은 사진은 펜션 영업에서 가장 중요한 부분을 차지합니다. 펜션 예약의 99%는 인터넷을 통해 예약이 이루어지기 때문입니다. 그래서 제 주변에도 영업을 잘하는 펜션 사업자는 1~2년에 한 번씩 최근 유행하는 스타일로 재촬영하는 경우도 많습니다.

어떤 스타일이 유행하는지 살펴보려면 스마트폰 앱스토어(구글 플레이)의 순위만 봐도 쉽게 알 수 있습니다. 한동안 '인스타 감성 사진'이라는 분위기의 필터가 인기를 끌었고, 그런 사진들이 관심을 받았습니다. 그리고 '일본 스타일의 청량한 사진'도 인기를 끌었습니다. 그리고 다시 복고 분위기가 유행해서 필름 느낌의 '싸이월드 감성' 사진이 인기를 끌었습니다. 이런 분위기의 사진은 보통 인스타그램이나 그 외 SNS에서 인기를 끌었습니다. 펜션 사업자는 앞서 설명한 인스타그램에 관심을 가져야만 합니다. 그리고 그 안에서 인기 있는 분위기를 파악해 펜션 광고용 사진을 촬영해야 합니다.

만약 식당이나 펜션 또는 카페가 입소문이 나려면 온라인 중 어떤 플랫폼에서 인기를 얻는 게 가장 효과적일까요? 바로, 인스타그램입니다. 인스타그램에서 핫한 장소로 인식되면 그 사업장은 대박이 납니다. 그래서 우리는 인스타그램을 제대로 활용해야 합니다. 그런데 대부분의 펜션 사업자는 홈페이지나 인스타그램에 제대로 된 방식으로 사진을 노출하지 못하는 게 현실입니다. 그 이유를 설명해보겠습니다.

일반적으로 펜션 사업자는 펜션 소개용 사진은 있지만, 자극적인 광고용 사진은 없습니다. 다시 말해, 대부분의 펜션 사업자가 가진 사진은 매우 정적인 펜션 사진들입니다. 홈페이지에 사용된 사진을 보면 쉽게 알 수 있습니다. 펜션을 잘 소개하기 위해서는 펜션 건물 전체를 화각 안에 담은 사진들이 대부분입니다. 객실 내부도 마찬가지입니다. 넓게 보이도록 촬영하기 위해서 객실을 사진에 담습니다. 풀장도 넓고 풍부하게 화각 안에 담습니다. 그래서 과거 한때는 광각 렌즈로 촬영한 사진이 인기를 끌기도 했습니다.

하지만 이런 사진들은 요즘 시대에 어울리지 않습니다. 요즘의 대부분 소비자는 펜션을 검색할 때 스마트폰으로 검색하기 때문입니다. 스마트폰은 객실 전체 전경을 담은 사진을 감상할 정도로 화면이 넉넉하지 않습니다. 인스타그램도 마찬가지입니다. 펜션 건물 전체를 가득 담은 사진들은 스마트폰 작은 화면 안의 인스타그램에서는 매력적이지 않습니다. 전경을 다 담은 사진은 적어도 15인치 이상의 큰 모니터를 통해서 보면 멋스럽겠지만, 작은 스마트폰 화면 안에서는 펜션 전체를 담은 사진 같은 것은 어떤 사진인지 구분도 안 되고, 매력적으로 보이기도 힘듭니다(일부 사진은 넓은 화각의 사진이 필요할 경우도 있습니다).

그래서 인스타그램에서 인기를 끌기 위해서는 더 자극적인 사진이 필요합니다. 작은 화면에서 봐도 충분히 어떤 사진인지 확인이 가능할 만큼 잘 보여야 합니다. 그래서 인스타그램에서는 색채감이 강한 사진이 좋고, 전경보다는 디테일 컷이 주목받는 데 유리합니다. 실제로 인스타그램에서 '좋아요'를 많이 받은 사진은 전경 사진보다는 클로즈업된 것처럼 디테일 컷 사진들이 많습니다.

예를 들어, 풀장을 넓게 촬영한 사진보다는 풀장 안에 둥둥 떠 있는 동그란 트레이 위에 와인 병과 예쁘게 쌓아놓은 과자들을 가깝게 촬영한 사진이 인스타그램에서는 관심을 높이는 데 더 효과적입니다. 최근에는 이런 인스타 감성 분위기를 담아 '디테일 컷'만 촬영하는 사진 작가들도 활동하고 있습니다. 소위 '인스타 감성'으로 촬영해달라고 의뢰하면 각종 소품까지도 준비해 촬영해줍니다.

반면 이렇게 답하는 사람들도 있습니다.
"우리 펜션은 가족 중심의 펜션인데도 인스타그램을 신경 써야 할까요?"
결론은, 그래도 신경을 써야 합니다. 이유는 입소문이 나기 위해서 가장 중요한 플랫폼은 '인스타그램'이기 때문입니다. 처음부터 능력도 실력도 안 되는데 손님을 골라 받을 생각을 해서는 안 됩니다. 일단 가족, 커플, 단체 상관하지 말고 트래픽을 모아야 합니다. 인터넷에 내 펜션을 보려고 구경꾼들이 몰려오면 그때 손님을 골라 받아도 늦지 않습니다.

2. 사진 촬영을 할 때 주의할 점

사진 촬영을 할 때는 주의해야 할 점이 있습니다. 바로 사진 작가의 섭외입니다.
사진 작가들은 너무나도 많습니다. 제가 펜션 사업 컨설팅을 한 지도

벌써 20년이 되어갑니다. 그동안 수많은 사진 작가들과 함께 일을 하면서 실력 좋은 사진 작가들도 많이 만났습니다. 사진으로 여러 수상을 한 작가들도 많이 알고 있습니다. 하지만 요즘에는 과거와 다르게 사진 작가를 섭외할 때 좀 다른 기준을 두고 있습니다.

첫째, 웹 마케팅을 잘 이해하고 있는 사진 작가입니다. 그저 멋진 결과물을 만들어내는 것을 목적으로 하는 사진 작가가 아닌, 촬영되는 사진이 어떤 목적으로 쓰일지 명확히 알고 촬영하는 작가가 필요합니다. 요즘은 모바일, 그리고 인스타와 같은 SNS가 발달하면서 사진이 넓은 화면으로 보는 컴퓨터의 모니터에서 벗어나 스마트폰에 최적화되었기 때문입니다.

둘째, 상품 사진 촬영 경력이 있는 사진 작가입니다.
사진 작가라고 할지라도 분야는 여럿으로 갈립니다. 인물을 주로 촬영하는 사진 작가, 자연을 촬영하는 사진 작가, 건축 인테리어나 상품 사진 작가 등 다양합니다.

과거에는 건축 인테리어 전문 사진 작가가 대부분 펜션 촬영을 주로 담당했습니다. 물론 지금도 기본적으로는 건축 인테리어 사진을 주로 촬영하는 사진 작가를 섭외해야 하지만, 여기에 더해 쇼핑몰과 같은 '상품 사진 촬영' 경력이 있는 사진 작가라면 금상첨화입니다. 앞서도 설명했지만, 최근 여러 SNS에서 좋아요를 많이 받는 사진들은 대부분 디테일 컷이 많습니다.

예를 들면, 선반 위에 올려놓은 구두 사진, 나란히 놓인 커피잔과 스푼, 맥주병과 안주와 같은 사진입니다. 기본적으로 사진 전문가들은 전경 사진뿐만 아니라 디테일 컷들도 잘 촬영하지만, 아무래도 프로로서 전문 분야의 경력을 쌓은 작가들이 더 그 맛과 멋을 잘 살려냅니다. 그러니 건축 인테리어 사진뿐만 아니라 쇼핑몰 촬영(상품 사진) 경력이 있는 작가를 만난다면 더 좋습니다. 그래서 저도 최근에는 이런 경력을 가진 사진 작가와 자주 협업하고 있습니다.

셋째, 보정 사진을 많이 만들어주는 사진 작가입니다.

사진 촬영하는 것 자체도 쉽지 않은 일입니다. 좋은 날씨를 선택해서 지방으로 출장을 나간 후 반나절 또는 하루 꼬박 촬영하고 돌아와서는 선택된 사진들을 보정합니다. 그런데 여러 과정 중 가장 까다롭고 오랜 시간이 걸리는 작업이 이 보정 작업입니다. 그래서 무리하게 보정 사진을 많이 달라고 요청하기는 어렵지만, 펜션 업주 입장에서는 멋진 보정 사진이 많으면 많을수록 좋습니다.

그러니 사진 작가와 촬영 전 보정 사진을 얼마나 받을 수 있는지도 체크해보고, 될 수 있는 대로 보정 사진을 많이 받을 수 있는 작가를 만나는 것이 좋습니다. 그 보정 사진들은 인스타그램에 꾸준히 올릴 수 있기 때문입니다. 경쟁자들이 스마트폰으로 촬영한 어설픈 사진으로 인스티그램에 올리면서 홍보할 때, 앞서나가는 펜션 사업자는 전문 작가가 촬영하고 보정까지 해준 매력적인 사진으로 인스타그램에 올리면서 경쟁할 수 있을 것입니다.

여기까지 이야기하면 많은 펜션 사업자들이 '어디서 이런 사진 작가를 찾고, 만날 수 있을까?' 하고 고민을 합니다. 그런데 홈페이지 제작업체만 잘 만나도 수준 높은 사진은 해결됩니다. 펜션 홈페이지 제작업체는 쌓아온 포트폴리오만큼 여러 사진 작가와 협업해왔기 때문에 고객의 요구에 충분히 응대할 수 있을 것입니다. 그렇기 때문에 펜션 사업자는 홈페이지 제작업체에 홈페이지 디자인에 대한 요구 사항 외에 어떤 사진 작가를 원하는지, 어떤 사진 결과물을 원하는지 명확하게 설명할 필요가 있습니다. 사진이나 홈페이지를 가격으로 결정하지 않아야 합니다.

완전한 초보 펜션 사장의 경우, 어떤 홈페이지업체를 만나느냐가 무엇보다 중요합니다. 첫 단추를 잘못 끼웠다가 과한 예약 수수료와 광고의 자생력까지 모두 잃어버릴 수 있기 때문입니다. 다음 장에서는 어떤 홈페이지업체를 만나야 할지 이야기해보겠습니다.

펜션 홈페이지 제작업체
잘 선정하고
잘 만드는 노하우

펜션 홈페이지를 가장 먼저 이야기하는 이유는 펜션 홈페이지업체만 잘 만나도 광고 시작의 절반 이상을 해결할 수 있기 때문입니다. 좋은 펜션 홈페이지 제작 회사는 펜션 광고에 대해서 아무것도 모르는 초보 사업자를 위해서 홈페이지도 만들어주고, 네이버 플레이스 세팅뿐만 아니라 그 외의 광고 세팅도 모두 해결해주는 경우가 있기 때문입니다. 물론 그만큼 추가 비용이 들어갈 수도 있지만, 어찌 되었든 펜션 사업 초기, 홈페이지 제작업체에게 많은 도움을 받을 수 있습니다.

하지만 홈페이지 제작업체를 잘못 선택한다면 펜션 사업자 입장에서 불이익을 얻을 수도 있습니다. 이를테면, 수수료 문제나 리뷰 삭제 등이 문제가 될 수도 있습니다. 그래서 네이버 플레이스 세팅이나 네이버 예약 등을 초기 세팅할 때는 대행업체의 아이디가 아닌, 펜션 사업주의 네이버 아이디로 세팅해야 합니다. 아마 초보 사장님들은 무슨 말인지 모를 수도 있습니다. 하지만 이 책을 따라가다 보면 자연스럽게 이해가 될 것입니다. 펜션 광고를 할 때, 어떻게 시스템을 구축해야 하는지 이 책에서 차차 설명해보도록 하겠습니다.

1. 펜션 홈페이지의 중요성

그럼, 본격적으로 펜션 홈페이지에 관해 이야기를 시작해보겠습니다.
펜션을 온라인에 광고한 후 소비자가 최종적으로 도달하는 목적지
를 '랜딩 페이지'라고 합니다. 그런데 그 마지막 페이지가 신뢰가 가지
않는 모습을 하고 있다면, 소비자는 당연히 결제를 망설이게 될 것입니
다. 그렇기 때문에 펜션 홈페이지는 신뢰감을 줄 수 있게 펜션의 장점
을 극대화시켜 잘 만들어놓아야 합니다.

■ 네이버 지도에 노출된 펜션들 ■

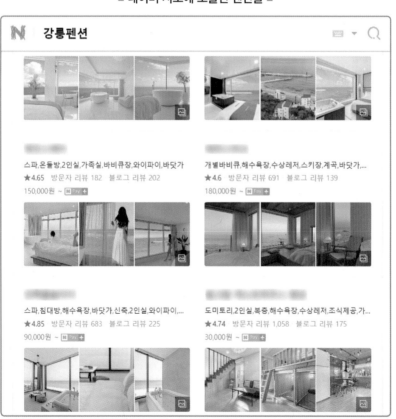

출처 : 네이버

펜션 홈페이지는 광고의 가장 기본입니다. 홈페이지에서 예약과 결제가 이루어지기도 하지만, 홈페이지가 있어야 하는 또 다른 이유는 전문가가 촬영하고 보정한 완성도 높은 펜션 사진을 소비자에게 보여주고, 각 객실의 카테고리를 보기 쉽게 소개하면서 더 전문적이고 정제된 모습을 얻기 위함도 있습니다. 당연히 이 모든 것들은 소비자를 안심시켜 지갑을 더 쉽게 열게 하기 위함입니다.

펜션을 광고하기 위해 노출되어야 할 공간은 너무나도 많습니다. 네이버 플레이스(네이버 지도), 다음 장소, 네이버 예약, 구글 프로필, 인스타그램, 에어비앤비, 카페, 야놀자, 여기어때 등 많은 공간에 멋진 사진과 글을 등록해 소비자의 눈을 사로잡아야 합니다.

그런데 이런 치열한 경쟁이 이루어지고 있는 공간에 스마트폰으로 직접 촬영한 어설픈 사진을 노출시킨다면 어떨까요? 경쟁자들은 이미 최고의 사진 작가와 최고의 디자이너, 그리고 최고의 카피라이터를 고용해서 펜션을 최대한 멋지게 포장하고 노출해 경쟁에서 우위에 서려고 노력하는데, 과연 경쟁이 될까요? 어설프고 아마추어다운 모습은 당연히 경쟁력이 떨어집니다. 물론 다방면에서 감각이 뛰어난 분이라면 가능하겠지만, 대부분의 사업자는 그렇지 못합니다. 그래서 펜션 홈페이지를 제작하는 이유 중 하나가 바로 완성도 높은 펜션의 연출된 이미지를 얻기 위함이라고 할 수 있습니다.

분명히 멋진 펜션 홈페이지가 있으면 영업에 좋은 영향을 미치지만, 최근에는 홈페이지 없이 운영하는 펜션들도 꽤 많이 생겼습니다. 이 장에서는 펜션 홈페이지가 왜 필요한지, 그리고 어떻게 해야 좋은 홈페이지를 만들 수 있을지 소개해보겠습니다.

얼마 전에도 펜션 창업 예정자와 상담을 나누면서 비슷한 질문을 받았습니다. 상담 의뢰자는 펜션을 건축했고, 이제 곧 오픈을 준비하는 분입니다.

"홈페이지를 제작하려면 비용이 많이 드는데 홈페이지가 꼭 필요한가요? 그리고 요즘에는 블로그나 인스타그램 하나만으로도 예약도 잘 받고 영업이 잘되는 펜션들도 많은데 군이 홈페이지를 만들어야 할까요?"

사실 이런 질문은 꽤 자주 받지만, 저는 보통 이렇게 답을 합니다.

"만약 요즘 잘나가는 인플루언서들만큼 인스타그램을 잘할 능력이 된다면 홈페이지는 없어도 됩니다."

포스팅할 때마다 사람들의 시선을 사로잡는 멋진 사진을 만들어내고 글을 쓸 수 있는 능력이 있다면, 홈페이지를 만드는 것은 낭비가 될 것입니다. 하지만 펜션 사업자 10명 중 9명은 그런 능력이 없습니다.

"해보지도 않고 너무 단정적으로 말하는 거 아니냐?"라고 반문하는 사람도 있을 것입니다. 그렇다면 직접 해보면 알게 될 것입니다. 일단 인스타그램을 개설해서 자신의 능력을 한번 테스트해보면 됩니다. 팔로워 수천에서 수만 명을 만들어보고, 사진 한 장 올릴 때마다 '좋아요'를 300~400개 이상 받을 수 있는지 테스트해보세요. 아마 쉽지 않을 것입니다. 물론 초기에는 홈페이지를 만들어 운영하다가 몇 년이 흐른 후 펜션 인스타그램 팔로우 수도 엄청나게 많이 늘어나 인기를 얻기 시작한다면, 그때 홈페이지를 없앨 수도 있습니다.

제가 운영하는 네이버 카페에서도 가끔 홈페이지에 관련된 질문들이 자주 올라옵니다. '홈페이지가 꼭 필요하냐?'라는 질문에 답은 다양합니다. 카페에 올라오는 모든 질문에 제가 직접 답을 달 수 없어 그냥 지나칠 때가 많지만, 솔직히 말해 저에게 컨설팅을 받는 분들께서 이와 같은 질문을 한다면, 저는 고민도 하지 말고 일단 전문가의 힘을 빌려서 홈페이지를 완성하라고 이야기합니다.

> 김성택 작가의 네이버 카페 : 김성택 작가의 대박펜션의 비밀
> https://cafe.naver.com/buzzga/　　

'홈페이지를 만들 것인가? 인스타그램으로만 영업할 것인가? 둘 중에 어떤 것을 사용해서 영업해볼까?'를 고민할 문제가 아닙니다. 정말 잘되는 펜션은 인스타그램도 열심히 운영하고, 홈페이지 관리도 열심히 한다는 것입니다. 거기에 블로그도 열심히 하고, 비싼 네이버 파워링크 광고도 열심히 합니다. 그러니 일단 정석으로 가야 합니다.

펜션 사업에 경험이 없는 초보 사장이라면 더욱더 정석으로 가야 합니다. 홈페이지를 만드는 것은 그저 예약사이트 하나 더 늘리는 것을 목적으로 하는 것이 아닙니다. 공신력을 높이는 허가받은 온라인 상점의 모습을 노출해 안심하게 결제를 유도하는 목적, 온라인에 노출되는 모든 공간에 홈페이지를 제작할 때 사진 작가로부터 받은 완성도 높은 사진을 이용해 배포하기 위한 목적, 광고 시 예약을 결정하게 하는 랜

딩 페이지의 역할 등의 목적을 갖습니다. 물론 그 이상의 활용가치 때문에 펜션 홈페이지가 있는 것이 영업에 더 유리합니다. 단, 홈페이지는 매우 완성도가 높은 수준의 홈페이지일 경우를 말합니다. 최근에는 너무나도 형편없는 디자인으로 만들어지는 펜션 홈페이지도 꽤 많이 보입니다. 그런 홈페이지는 없느니만 못합니다.

펜션 홈페이지는 여전히 구매 전환율을 높이는 데 유리합니다. 네이버의 경우, 네이버 검색을 통해 확인된 내용을 보면 네이버의 서비스를 주로 보여줍니다. 그래서 홈페이지가 잘 안 보이지만, 네이버가 되었든 야놀자가 되었든 소비자는 결제하기 전에 더 정확한 정보를 확인하기 위해서 홈페이지를 다시 찾아 들어가 봅니다. 이때 홈페이지에서 멋진 모습을 보여줄 수도 있고, 홈페이지 화면에서 직접 결제를 유도해 제휴 대행사에 20% 가까이 지급되는 수수료도 피할 수 있습니다. 이는 너무나도 큰 이득이 됩니다.

인스타그램이나 블로그를 이용해 펜션 홈페이지를 대신하는 경우, 소비자가 결제하기 직전에 펜션의 전반적인 정보를 한눈에 확인하기가 쉽지 않습니다. 물론 너무나도 아름다운 펜션이라면 사진 몇 장만으로도 매력을 발산해 예약을 유도할 수도 있겠지만, 그렇지 않은 경우라면 소비자가 결제를 진행하기까지 많은 고민을 하게 됩니다. 분명한 것은 소비자는 기다려주지 않는다는 것입니다. 인스타그램에 올라온 객실 사진 몇 장만으로 관심을 유도할 수는 있지만, 디테일한 정보를 확인하기 위해서 여기저기 찾아보고 펜션 측에 연락해보는 등의 수고를 덜어 줘야 합니다.

홈페이지에서 보이는 객실 카테고리 중에 원하는 객실을 클릭하고, 그다음 페이지에 객실의 이미지, 부대시설, 가격, 예약 가능 여부 등을 한눈에 볼 수 있다면 조금이라도 구매 전환율을 높일 수 있습니다. 네이버는 주로 네이버 서비스를 위주로 보여주기는 하지만 그래도 여전히 웹페이지를 노출해줍니다. 그러니 홈페이지를 잘 관리할 수 있다면 웹페이지(웹사이트)가 네이버에 노출될 확률을 높일 수 있습니다.

그리고 우리가 고민해봐야 할 중요한 공간이 하나 더 있습니다. 바로 구글입니다. 펜션 사업자 대부분은 다음과 네이버에 익숙한 세대일 거라고 생각합니다. 하지만 젊은 세대를 중심으로 구글 검색 비율이 굉장히 많이 늘어났습니다. 이미 2023년에는 네이버 검색 비율이 63%에서, 2024년 상반기에는 검색 비율이 59%로 떨어졌습니다. 그리고 현재는 57%입니다. 아마 시간이 지나면서 점차 조금씩 더 이 비율이 낮아질 거라고 생각됩니다. 반면 구글의 검색 비율은 지난해 27%에서 2024년 상반기 29.5%로 거의 30%에 육박하게 되었고, 현재는 34%까지 올랐습니다. 이 비율은 점차 더 높아질 거라고 예상됩니다.

많은 사람들이 네이버에서 과열 경쟁을 하는 동안 진짜로 돈 버는 사람들은 따로 있었습니다. 국내에서 이미 30%에 해당하는 검색 비율을 가진 구글은 네이버와 달리 신경을 쓰는 사업자들이 상대적으로 적습니다. 그래서 이 공간을 잘 활용하면 지금과 같은 과열 경쟁 속에서도 좀 더 안정적인 영업 활동이 가능합니다.

이 구글에도 네이버 플레이스와 같은 공간이 있습니다. 구글에서는 마이비즈니스 또는 구글 비즈니스 프로필이라고 하는데, 이 공간은 네이버에 비해 상대적으로 정보가 빈약한 편입니다. 그래서 구글에서 펜션을 검색한 사람들이라면 대부분 해당 펜션 홈페이지에 방문하게 됩니다. 그리고 구글은 네이버 검색과 다릅니다. 네이버는 자사 서비스인 네이버 플레이스, 네이버 예약, 네이버 블로그, 네이버 카페 등을 중점적으로 검색 결과로 보여주는 데 반해 구글은 웹페이지 검색 노출이 기본이기 때문에 구글에 홈페이지를 잘 정리해둔다면 구글 내에서 펜션 홈페이지 노출이 더 용의해집니다.

그럼 홈페이지를 만들 때 어떤 부분을 체크해야 할지 알아보겠습니다.

2. 홈페이지 제작 시 체크사항

✅ 홈페이지 제작 비용

무엇보다 제작 비용은 중요합니다. 가성비를 찾는 것도 좋습니다. 다만 너무 저렴한 곳은 피하는 게 좋습니다. 저렴한 홈페이지는 펜션의 매력을 못 끄집어내는 경우가 많습니다.

펜션은 99% 이상의 예약이 인터넷에서 이루어집니다. 인터넷 노출은 가장 신경 써야 할 부분인데, 싸고 좋은 거 찾다가 결국 실패하고 또 돈을 들여 다시 홈페이지를 만들 가능성이 큽니다. 최근 홈페이지 제작 비용은 대략 200~400만 원 정도가 됩니다. 여기서 동영상 촬영이나 모델을 섭외해 촬영한다면, 홈페이지 제작 비용은 100~300만 원이 더 추가될 수도 있습니다.

✅ 제작 기간

보통 홈페이지를 만드는 데 촬영, 보정, 홈페이지 디자인(제작) 기간을 합하면 약 1개월 정도 걸립니다. 그런데 부득이하게 겨울에 오픈한 경우를 제외하고는 보통은 홈페이지 제작 촬영은 겨울에 진행하지 않습니다. 보통 4월 중순 이후부터 촬영을 많이 하게 되고, 인기 좋은 홈페이지 제작 회사는 여름철에는 촬영 날짜 잡기가 너무 힘듭니다. 그렇기 때문에 보통 1~2개월 전에 홈페이지 제작 회사와 계약을 하고 일정을 넉넉히 조율하는 것이 좋습니다.

✅ 임시 홈페이지 제작 가능 여부

여러 가지 이유로 홈페이지 제작을 의뢰한 후 원하는 날짜에 홈페이지가 오픈하지 못하는 경우도 있습니다. 그럴 때는 임시 홈페이지라도 열어서 모객해야 합니다.

펜션 홈페이지 제작업체마다 임시 홈페이지 제작을 하는 곳도 있고, 안 해주는 곳도 있습니다. 때로는 임시 홈페이지 제작에 추가 비용을 요구하는 경우도 있기 때문에 펜션 홈페이지 제작업체와 계약 전에 약속된 날짜에 홈페이지가 오픈하지 못할 경우, 임시 홈페이지를 제작해주는지 먼저 잘 확인해봐야 합니다.

✅ 실시간 예약 서비스

홈페이지를 멋지게 만든 후에는 실시간 예약 달력을 넣어야 합니다. 그런데 이 실시간 예약 달력을 잘못 이용하게 되면 큰 수수료에 당황할 수도 있습니다.

실시간 예약 달력은 무료도 있지만, 매번 손님이 예약할 때마다 수수료가 발생하는 경우도 있기 때문입니다. 수수료가 발생하는 예약 달력을 사용할 경우, 보통 10~20%까지 제휴업체에 지불하기도 합니다. 하지만 그럼에도 대형 펜션은 이 수수료를 내면서까지 대행을 맡기는 경우도 있습니다. 여러 편의성 때문인데 네이버 예약부터 야놀자, 여기어때, 그리고 홈페이지의 실시간 예약 달력까지 한 번에 방 막기 관리가 되기 때문에 객실 수가 많다면 수수료를 내더라도 예약 현황을 통합으로 관리하는 실시간 시스템을 씁니다.

 하지만 독채 펜션과 같이 객실 수가 적어 객실 관리가 쉬울 경우에는 굳이 수수료를 내는 실시간 예약 달력을 이용할 필요는 없습니다. 그렇기에 홈페이지 제작 회사에 수수료를 덜 내는 네이버 예약 달력이나 수수료를 내지 않는 무료 실시간 예약 달력으로 해달라고 하는 것이 좋습니다. 최근 독채 펜션의 경우에는 네이버 예약 달력을 사용하는 경우가 크게 늘었습니다. 네이버 예약을 달력으로 사용하면 네이버 리뷰와 예약 건수가 증가해 네이버 지수가 높아지며, 네이버 실시간 예약 부분에서 상단에서 보이게 될 확률이 높아지게 때문입니다.
 물론 시스템이 괜찮은 유료 달력도 있습니다. 1년에 10~30만 원 정도의 비용이 들어가고, 그 외 전혀 비용이 발생하지 않는 실시간 예약 달력도 있기 때문에 펜션의 상황을 잘 파악해서 결정해야 합니다.

☑️ 웹 게시판 확장 및 관리 가능 여부
 네이버에서는 일부, 그리고 구글은 대부분 웹페이지를 검색 결과로 보여줍니다. 그렇기에 홈페이지 제작도 기존 전통적인 제작 방식에서 벗어나야 합니다. 홈페이지 내에 글, 사진, 영상을 계속 업데이트할 수 있는 공간을 만들어야 합니다. 웹 데이터를 늘리고 게시판을 만들어놓고 진짜 정보가 되는 글을 하나씩 올려놓으면 됩니다. 펜션 이용법 게시판, 펜션 이벤트 게시판, 주변 여행지 게시판, 주변 맛집 게시판을 만들어 정보를 업데이트할 수 있다면, 홈페이지 노출 확률을 크게 늘릴 수 있습니다.

다만 홈페이지 내에 게시판을 따로 만드는 것도 좋지만, 게시판 활용이 어려울 수도 있습니다. 사용 방법이 기존에 사용했던 네이버 블로그처럼 단순하지 않기 때문입니다. 그래서 홈페이지의 게시판으로 보이도록 활용하는 방식 중 가장 좋은 방법은 블로그나 인스타그램을 홈페이지와 연동해서 붙여놓는 것입니다. 네이버 블로그, 티스토리 블로그, 브런치 블로그, 인스타그램 등을 홈페이지의 카테고리에 담아 홈페이지에 들어온 사람들이 주변 여행지 등을 쉽게 확인하도록 할 수도 있고, 블로그 글 자체가 검색되어서 노출될 확률을 높여줄 수 있습니다.

☑️ 사진 촬영 컷, 재촬영 가능 여부

일단 건물이 완성되고 내부 스타일링이 모두 끝났다면, 바로 촬영하고 홈페이지를 만들고 광고해서 영업을 시작해야 합니다. 하지만 이제 막 오픈한 펜션의 경우에는 하루에도 열두 번은 더 이것저것 바꾸고 변화를 주면서 가장 멋진 모습을 찾길 바랄 것입니다. 가구의 배치도 이리저리 바꿔보고 소품들도 시간이 지나면서 하나씩 더 늘려갑니다. 그렇기 때문에 오픈 직후 객실 스타일을 완벽하게 만들기 위해서 너무 큰 에너지를 쏟을 필요는 없습니다. 많은 펜션이 창업 직후 홈페이지를 위한 사진 촬영을 하고, 이후 추가 촬영을 의뢰하기 때문입니다.

가장 큰 이유는 계절의 변화 때문입니다. 펜션을 4~10월 이내에 오픈했다면 파릇파릇한 외부 전경 모습이 아름다울 것입니다. 하지만 10월 중순부터 11월, 12월, 1월, 2월, 3월, 4월 중에 오픈한 펜션은 휑한 외부 모습 때문에 재촬영이 꼭 필요합니다. 이렇게 진행될 경우, 보통 재촬영비가 들어가게 됩니다. 점차 높아지고 있는 인건비로 인해 촬영 비용도 과거보다 더 높아진 것이 사실입니다. 몇몇 업체는 이 재촬영 비용을 터무니없이 비싸게 책정해서 펜션 업주를 당혹스럽게 하는 경우도 있습니다. 그러니 홈페이지 제작 계약 전에 재촬영이 가능한지, 그리고 재촬영 비용이 얼마인지 꼭 체크해봐야 합니다.

✅ 홈페이지 월 관리 비용

홈페이지를 비싼 돈을 주고 만들었다고 해도 매월 홈페이지 관리비용이 발생합니다. 월 관리 비용에는 보통 서버 호스팅 비용과 도메인 비용뿐만 아니라 상시 유지 보수 비용도 함께 포함됩니다. 유지 보수 가능 범위에 따라 월 관리비가 결정되는데, 펜션 홈페이지는 쇼핑몰과 달리 관리해야 하는 부분이 많지 않기 때문에 과하게 높은 월 관리 비용을 요구하는 곳은 피하는 것이 좋습니다. 월 관리 비용 안에 포함되는 서비스는 펜션 숙박료 변동 시 수정, 팝업 광고 디자인 및 노출, 웹페이지 수정 등이 있습니다.

월 관리 비용에 어떤 것들이 포함되는지, 팝업 또는 페이지 수정이 유료인지 꼭 체크해봐야 합니다. 단, 객실 판매 시마다 수수료를 내야하는 경우는 월 수수료 관리비가 들지 않을 수도 있습니다. 물론 수수료는 그 이상의 비용이 지출되기 때문에 펜션의 규모와 운영 방식을 잘 파악해서 결정해야 합니다.

☑ 팝업창, 이벤트 배너, 추가 페이지 제작 비용 및 제작 수준

펜션을 운영하면서 실시간 예약 달력을 만지작거리는 것 외에 특별히 홈페이지를 건드릴 일은 없습니다. 하지만 가끔은 펜션의 이벤트를 알리는 일은 필요합니다. 빈도수로 따진다면 한 달에 한두 번 정도가 될 것입니다. 이때 팝업창을 제작하는 비용을 체크해봐야 합니다. 이벤트 팝업창이나 이벤트 배너 제작 비용은 높지 않을 것입니다. 그런데 문제는 피드백입니다. '얼마나 빠르게 펜션 업주의 의견을 반영할 수 있느냐'가 가장 중요합니다.

몇몇 업체들은 너무나도 바쁘고 여력이 되지 않아 펜션 업주들의 의뢰를 받고 일주일이 지나도 작은 팝업창 하나 못 만들어주는 곳도 있습니다. 당연히 그런 업체는 피해야 합니다. 홈페이지 제작을 의뢰하기 전에 업체의 포트폴리오만으로 홈페이지 제작업체를 선정해서는 안 됩니다. 해당 업체가 어떤 방식으로 일을 하고 있는지 펜션을 운영하는 지인에게 한 번쯤은 문의해보는 것이 좋습니다. 펜션을 운영하는 지인이 없다면, 제가 운영하는 네이버 카페에서 문의해도 좋은 답을 얻을 수 있을 것입니다.

☑ 모바일 홈페이지 제작 수준 체크

이제는 대부분이 모바일과 PC에서 잘 보이는 반응형 웹으로 홈페이지를 제작합니다. 그래서 특별히 '모바일 홈페이지를 잘 제작하는지'에 대한 걱정은 하지 않아도 됩니다. 하지만 몇 가지는 체크할 필요가 있습니다.

보통은 홈페이지를 살펴볼 때, PC 화면에 뜬 모습을 주로 살펴봅니다. 얼마나 잘 만들어졌는지 큰 화면에서 보고 싶은 마음일 것입니다. 그런 이유로 홈페이지 제작 회사들을 보면 펜션 사장이 좋아할 만한 홈페이지를 잘 만드는 회사도 있습니다. 넓은 화면을 꽉 채워서 현란하고 화려한 모습을 보여주려고 노력합니다. 하지만 90% 이상의 소비자는 펜션을 찾을 때 스마트폰을 사용합니다. 결국 스마트폰 화면에서 보이는 모습에 치중해서 홈페이지를 잘 만드는 회사에 펜션 홈페이지를 의뢰해야 합니다. 그런데 작은 스마트폰 화면 안에서 보이는 부분은 크지 않습니다.

결국 모바일 화면은 단순하고 직관적인 디자인 안에서 잘 만드는 곳이 좋습니다. 전체적인 디자인도 봐야 하지만, 사진 수준이 매우 높아야 하며, 팝업이 어떤 방식으로 뜨는지, 그리고 작은 스마트폰 안에서 추가 정보를 제공할 블로그나 인스타그램 연결은 어떤 방식으로 이루어지는지를 꼭 파악해야 합니다.

✅ 카카오톡 오픈 채팅 링크 연결

네이버 톡톡을 통해 소비자와 판매자 간 소통을 자주 이끌기도 하지만, 아직 생소하게 생각하는 사람도 있습니다. 그러니 소비자를 내 상점 안으로 한 발자국 더 끌어들이기 위해 홈페이지에서 쉽게 연동해서 대화를 가능하게 하는 카카오톡 링크(오픈채팅) 연결이 가능한지 체크해 보는 것이 좋습니다. 요즘 소비자들은 전화 통화보다 덜 부담스러운 채팅 방식을 선호합니다. 만약 운영하는 펜션이 젊은 소비자를 타깃으로 한 펜션이라면, 1:1 채팅 창 링크를 잘 배치해야 합니다.

☑ 소품 지원 여부

펜션의 사진 촬영 시 소품의 유무로 결과물이 꽤 크게 차이가 나기도 합니다. 그리고 펜션의 이미지를 더욱 돋보이게도 할 수도 있습니다. 하지만 사진을 촬영할 때 사용할 소품을 당연히 전문가만큼 구비하기는 어렵습니다. 그런데 제가 알고 있는 몇몇 홈페이지 제작업체는 추가 비용을 더 지불하면 객실에 어울리는 소품들까지 직접 구입해와서 펜션 촬영에 사용하는 경우도 있습니다.

홈페이지 제작업체 입장에서는 매우 귀찮은 일이기도 하지만, 홈페이지에 더 힘을 쓰고 싶은 분들은 홈페이지 제작 시 소품의 유무 여부와 이에 대한 구입 여부를 문의해보는 것도 좋습니다.

■ 소품을 잘 활용해서 펜션 촬영을 한 경북 성주의 푸푸케아 풀빌라 ■

출처 : 푸푸케아 풀빌라

✅ 모델 섭외 지원 여부

홈페이지에 인물이 들어가면 당연히 더 풍부한 연출이 가능합니다. 하지만 모델을 섭외하려면 비용이 들게 마련입니다. 남들보다 더 풍부한 연출이 된 홈페이지를 갖길 원한다면 모델 섭외 후 촬영 비용이 얼마인지를 꼭 체크해봐야 합니다. 그리고 촬영 계약 조건에 모델 사진 사용에 관한 권리도 충분히 이야기되어야 합니다.

✅ 추가 보정 컷 구매 가능 여부

펜션 홈페이지를 만든다는 것은 수준 높은 펜션의 사진을 얻는 것과도 같다고 이야기했습니다. 전문 사진 작가가 촬영하고 보정한 예쁜 사진을 받아서 그 사진을 이용해서 네이버 플레이스나 네이버 예약, 야놀자, 여기어때, 인스타그램, 블로그 등 노출할 곳이 너무나도 많습니다. 그러니 좋은 사진을 확보하는 것은 좋은 마케팅 도구를 하나 얻는 것과도 같습니다. 그렇기 때문에 멋진 사진은 많으면 많을수록 좋습니다.

보통 펜션 홈페이지 하나를 만들면 40~50컷 정도의 사진이 필요합니다. 그러니 촬영 현장에서 수백 컷을 촬영한다고 해도 나중에 펜션 업주가 받아들 수 있는 사진은 잘 보정된 40~50컷이 전부라는 것입니다.

만약 더 많은 보정된 예쁜 사진을 얻고 싶다면 홈페이지 제작업체에 더 많은 사진을 보정해달라고 요청해야 합니다. 물론 보정에 들어가는 시간과 인건비를 감안해 추가 비용이 꽤 발생할 것입니다. 만약 이제 막 창업을 하는 단계라면 비용이 좀 더 들더라도 되도록 많은 사진을 확보해 배포하는 것이 매우 중요합니다.

얼마 전, 젊은 창업 예정자를 만나 펜션 사업에 관한 상담을 했습니다. 펜션의 콘셉트부터 사업 기획, 그리고 온라인에 관련한 상담을 하면서 홈페이지를 어떤 회사에 맡기고, 어떤 것을 요구하라고 명확하게 모두 알려드렸습니다. 그런데 시간이 지나서 상담했던 창업자의 홈페이지를 보니 엉뚱한 회사에 홈페이지 제작을 맡겼고, 이에 전혀 다른 홈페이지가 만들어져 있어 속이 상했던 일이 있었습니다. 제가 요구하라고 전했던 것들이 하나도 만들어지지 않았습니다.

최초 창업자가 생각한 콘셉트를 제대로 이해하지 못한 홈페이지로는 영업률이 크게 떨어질 것이라 판단해서 결국, 홈페이지가 만들어진 지 3개월도 되지 않아 다른 업체에 의뢰해 다시 홈페이지를 만들게 되었습니다. 창업 초기에 돈 들어갈 일도 많은데, 이중으로 비용이 발생하게 된 것입니다. 홈페이지는 펜션 영업에서 매우 중요한 요소입니다. 그저 가격이 10~20만 원 더 저렴하다고 해서 결정해서는 안 됩니다.

그동안 수많은 펜션 홈페이지업체를 컨택해봤지만, 앞서 설명한 부분들을 모두 해결해주는 업체들은 그렇게 많지 않았습니다. 그러니 제대로 된 홈페이지를 제작하기를 원한다면, 책에서 소개한 내용을 꼭 따져보고 요구하며 신중하게 결정해야 합니다.

마지막으로, 작은 독채 펜션을 운영한다면 조금 다른 방식으로 홈페이지를 만들 수 있습니다. 규모도 크지 않은데 홈페이지에 수백만 원을 투자하기 어렵다고 생각하는 경우도 많습니다. 이럴 경우, 블로그나 인스타그램을 홈페이지 대신 이용해야 합니다. 하지만 문제는 펜션 사진

퀄리티입니다. 사진이 멋지게 나와야 하는데, 아무래도 아마추어 사진으로 대단한 사진 작가들이 촬영한 펜션 사진과 경쟁하는 것은 무리가 있습니다. 이런 경우라면 직접 해결하려고 하지 말고 지인을 통하거나 사진 작가를 고용해서 수준 높은 펜션 사진을 확보해놓아야 합니다. 펜션 영업에서 사진은 가장 중요하고 기본이 되기 때문입니다.

펜션 영업의 99%는 인터넷에서 이루어집니다. 물론 광고를 하기 전에 매력적인 펜션의 모습을 갖추는 것이 우선이지만, 그 이후 온라인 마케팅이 제대로 이루어지지 않는다면 수억 원을 들인 펜션도 영업이 안 될 수 있습니다. 온라인 마케팅에서 가장 기본이고 시작이 되는 홈페이지를 멋지게 만들어 영업에 큰 이익을 얻길 바랍니다.

마케팅 글쓰기 노하우
- 네이버 설명 문구,
인스타그램 프로필, 블로그,
인스타그램 글쓰기 방법

　대부분의 영업 현장에서 승자가 되려면 말을 잘해야 합니다. 소비자를 설득하고 유혹해서 내 물건을 팔아야 하기 때문입니다. 그런데 펜션 사업자는 소비자를 직접 대면해서 영업하기보다는 인터넷을 통해 내 상품을 소개해야 합니다. 그렇기에 사진과 글이 무엇보다 중요합니다.

　책의 서두에서도 이야기했지만, 소비자들이 주목할 만한 멋진 사진을 확보했다면, 소비자를 설득시키는 멋진 글이 있어야 합니다. 그리고 펜션을 광고하기 위한 모든 공간, 즉 홈페이지, 블로그, 네이버 설명 문구, 인스타그램, 페이스북 등에 매력적인 글을 남겨놓아야 합니다.

　자동차 영업 사원이 영업을 잘하려면 어떻게 해야 할까요? 신뢰 있어 보이는 단정한 옷을 갖춰 입고, 구두도 깨끗이 해야 할 것입니다. 그리고 영업 대상이 많이 모여 있는 곳을 자주 찾아 인사도 드리고, 명함도 자주 뿌려야 할 것입니다. 어린 시절, 제 친구 중에는 자동차 영업을 하겠다고 평소 다니지도 않던 교회에 나갔던 녀석도 있습니다. 그럼 과연 자동차 영업이 잘될까요? 영업을 잘하기 위한 모든 상황을 잘 갖췄다고 하더라도 결국 무엇보다 중요한 것은 바로, 말을 잘해야 하는 것입니다.

많은 분들이 저에게 이렇게 질문합니다.

"블로그를 상단에 노출하려면 어떻게 해야 하나요?"

"블로그 본문에 같은 단어를 몇 번 반복해야 상단 노출이 더 잘되나요?"

"태그에도 연관 키워드를 넣어야 하나요?"

"인스타그램에 해시태그는 몇 번이나 넣어야 하나요?"

물론 인터넷 공간의 상단 노출은 매우 중요합니다. 하지만 상단에 노출시키는 것이 매력적인 사진과 글을 만들어내는 것보다 중요할까요? 열심히 노력해서 또는 돈을 들여 광고 대행을 맡긴 후 블로그 부분 상단에 노출시켰지만, 사진과 글이 소비자를 유혹할 만큼 매력적이지 않다면, 또는 진심이 통하지 않는 겉핥기식의 글이라면? 아마 객실은 예약 하나 되지 않고 수일 내에 해당 글은 네이버 최상단에서 점차 저 뒤로 넘어가게 될 것입니다. 그렇기 때문에 매력적인 사진과 글을 만들어내는 것은 너무나도 중요합니다.

글로 표현하는 방식은 마케팅의 가장 기본이라고 할 수 있습니다. 물론 글쓰기는 쉽지는 않습니다. 하지만 어렵게 생각할 필요도 없습니다. 왜냐하면, 마케팅에서 사용할 글은 마치 시어(詩語)처럼 아름답고 고귀한 단어와 문장으로만 채우는 것이 아니기 때문입니다. 마케팅 글쓰기는 대중의 마음을 사로잡아야 하기 때문에 모든 사람들이 이해할 수 있는 일상의 언어로 이야기해야 합니다. 즉, 말을 할 수 있다면 누구나 쓸 수 있는 글쓰기라는 것입니다. 그러니 처음부터 글재주가 없다고 걱정할 필요는 없습니다.

말을 재미있게 하는 사람도 있지만, 재미없게 말을 하는 사람도 있습니다. 하지만 말을 재미있게 하지 못하더라도 진솔하고 순박하게 말을 하는 사람이 더 매력적으로 느껴질 때도 있습니다.

전자가 불가능하다면 후자를 선택해도 됩니다.

마케팅 글쓰기의 가장 기본은 흡인력입니다. 짧은 시간 짧은 글 안에서 공감을 빠르게 이끌어야 합니다. 그렇기 때문에 사람들이 공감하는 포인트 몇 가지를 알고 글쓰기를 해야 합니다.

저도 초보 컨설턴트 시절, 여러 강의를 찾아다니곤 했습니다. 마케팅 글쓰기에 대한 주제를 소개하다 보니 10여 년 전에 받았던 강좌가 기억이 납니다. 지금 생각해보면 마케팅 글쓰기 방식은 그때나 지금이나 변함이 없는 듯합니다. 이번에는 과거에 제가 흥미롭게 들었던 글쓰기 강좌를 참고해서 몇 가지 예시를 들어보겠습니다.

1. 설명하지 말고 보여준다

글쓰기는 독자 입장에서 작성되어야 합니다. 독자에게 정보를 주지 않고 정의를 내려버리면 독자는 글에 흥미를 잃어버리게 됩니다. 그렇기 때문에 저자가 먼저 결론을 내리지 않고 독자와 공감을 하도록 근거를 제시해주면서 독자 스스로 판단하도록 문장을 열어두는 것이 좋습니다.

- **문장 예시 : 오늘 마트에서 이상한 사람을 만났다.**

이와 같이 결론을 내려버리는 글은 독자가 스스로 판단할 여지를 주지 않습니다. 실제 모습을 보여주지 않았기 때문입니다. 저자가 먼저 '이상한 사람'이라고 단정을 지어버리면, 독자는 그 장면에 대해서 아무런 상황을 떠올릴 수 없습니다. 그렇다면 독자 스스로 이상한 사람인지 아닌지 파악할 수 있도록 열린 표현의 문장으로 바꿔보면 어떨까요?

- **열린 문장 예시 : 오늘 아침, 일산 롯데마트에서 파란색 바지 위에 팬티를 입고 양복에 넥타이를 맨 중년의 남자를 봤다.**

이렇게 정황을 펼쳐놓으면 독자는 자연스럽게 그 장면을 떠올리게 됩니다. 즉, 저자가 '이상한 사람'이라고 정리해주지 않아도 독자 스스로 '이 사람, 이상한 사람 아니야?'라고 스스로 판단하게 됩니다. 글쓰기의 처음과 마지막은 이런 방법이 되어야 합니다.

- **문장 예시 : 그 녀석은 정말 나쁜 놈처럼 생겼다.**
- **열린 문장 예시 : 그 녀석은 시커먼 얼굴에 작고 째진 눈은 충혈되어 있었다. 눈 아래는 커다란 상처가 얼굴을 덮듯이 있었고, 한쪽 팔에는 시커먼 용 문신이 그려져 있다.**

이렇게 표현하면 저자가 '나쁜 놈처럼 생겼다'라는 표현을 쓰지 않아도 독자가 스스로 나쁜 놈처럼 생긴 얼굴을 머릿속에 떠올리며 그 상황을 스스로 만들어보게 됩니다.

- **문장 예시 : 어제저녁 맛있는 저녁을 먹었다.**
- **열린 문장 예시 : 어제저녁 보글보글 끓인 진한 김치찌개와 기름기가 좌르르 흐르는 삼겹살을 구워 먹었다.**

보통 블로그나 인스타그램, 페이스북 등에 음식 관련 사진과 글을 자주 올리게 되는데, 이때도 역시 열린 문장을 사용하는 것이 좋습니다. 그저 저녁을 맛있게 먹었다고 하면서 사진 1~2장을 올려놓을 게 아니라 찌개가 끓어오르는 모습과 삼겹살의 형태나 기름기 등을 소개하면서 맛있는 음식을 표현할 수 있습니다.

- **문장 예시 : 양양의 앞바다는 참 멋지다!**

이 문장을 열린 문장으로 표현해보면 어떻게 표현할 수 있을까요? 이 문장을 열린 문장으로 써 보는 시간을 가져보세요.

2. 구체적으로 쓴다

독자가 공감하도록 글쓰기를 하고 싶은데, 글이 점점 산으로 가는 경우가 많습니다. 이는 글이 모호하게 작성되었기 때문입니다.

글은 구체적이고 치밀하게 쓰여야 합니다. 보편적으로 써야 많은 독자가 공감할 것이라는 생각은 글쓰기 초보자가 흔히 겪는 실수입니다. 철저하게 그 반대로 해야 합니다. 공감을 이끌어내기 위해 개념이나 보편성은 생각하지 말고 구체적 대상에만 몰입해야 합니다. 예를 들어 '그립다'라는 표현을 하고자 한다면, '그립다'라고 쓰지 말고, '그리움'을 문장으로 표현해줘야 합니다.

- **문장 예시 : 고등학교 때 친구들이 그립다.** (이렇게 작성되는 것은 낭비입니다)
- **열린 문장 예시 : 이사를 준비하며 서랍에서 발견한 졸업 앨범을 1시간째 들여다봤다. 30년 전 삭발을 한 반 친구들의 웃음소리가 들리는 것만 같다.**

이처럼 독자가 스스로 그리움을 이해할 수 있는 상황들을 구체적으로 서술해줘야 공감할 수 있는 글이 됩니다.

- **문장 예시 : 옆집 아주머니는 길고양이를 예뻐한다.** ('아주머니가 고양이를 예뻐한다'라는 정의를 내린 문장이다)
- **열린 문장 : 폭우가 내리던 날 아침에도 옆집 아주머니 집 앞에는 고양이를 위한 음식이 놓여 있었다.**

3. 맥락을 보여준다

한번 보면 잘 잊히지 않고 사람들의 기억에 오래 남도록 글을 쓰려면 어떻게 해야 할까요?

그림을 보여주듯 글로 표현하면 좋습니다. 모든 정보를 다 전달하지 말고 정황과 분위기를 전달하고자 노력합니다. 글을 적는 것이 아니라 그 상황에서 벌어질 수 있는 일을 적어야 합니다.

- 예시 ① : 학교 앞에서 과속하지 맙시다.
- 예시 ② : 아이들은 성인에 비해 주의력이 떨어지기 때문에 사고의 위험이 매우 큽니다.

예시 ①번 문장은 맥락이 빠진 단순한 정보만 담겨 있지만, ②번 문장은 맥락이 포함되어 있습니다. 과속하면 안 된다는 정보만이 아니라 대상의 상태를 표현하면 독자가 옳고 그름을 더 쉽게 전달받을 수 있습니다. 독자는 단순한 메시지가 아니라 맥락을 더 쉽게 기억하게 됩니다.

즉, 이 글은 아이나 아이의 부모를 대상으로 한 것이 아니라 학교 앞을 지나는 운전자들에게 전달하는 메시지입니다. 그 대상을 명확하게 해야 합니다.

4. 통상적인 개념을 비틀어본다

식상한 구절을 참신하게 바꾸려면 어떻게 해야 할까요? 구태의연하고 재미없는 문장을 참신하게 바꾸려면 개념을 재규명하면 됩니다. 이는 평범한 문장에 새 생명을 불어넣는 작업입니다.

〈개념을 재규정하는 공식〉

공식 1) A는 B가 아니라 C다.

- 예시 : 의사라는 직업을 최고의 직업이라고 생각하는 사람들이 있다. 하지만 의사는 끊임없이 환자를 봐야 하는 현장의 노동자일 수도 있다.

공식 2) A가 B인 것처럼 C도 D다.

- 예시 ① : 너가 사장이면 파리는 새다!
- 예시 ② : BTS는 정말 대단하다 → (열린 문장) 역사적으로 1970년대 문화의 아이콘은 비틀스라는 말에 누구도 반대할 사람은 없을 것이다. 그런데 이제 세월이 흘러 2020년대 문화의 아이콘은 BTS라는 말에 그 누구도 부정할 수 없게 되었다.

이렇게 개념을 정리하면 말하고자 하는 내용을 좀 더 명확하게 설명할 수 있습니다.

공식 3) A라서 B인 게 아니라 B라서 A다.

- 예시 : 기분이 좋아서 맥주가 마시고 싶은 게 아니라 맥주를 마시니

까 기분이 좋아진다.

5. 가짜 예보다 진짜 예가 좋다

독자에게 신뢰감을 주는 힘 있는 글은 어떻게 써야 할까요? 신뢰감 있는 글은 실제 이야기를 쓰면 됩니다. 자신이 겪은 이야기를 쓰면 가장 좋습니다. 그리고 자기주장에 맞는 근거를 보여주는 방법이 예시입니다.

머릿속에 떠올린 것 말고 실제 있는 것을 가지고 말하면 더 믿을 만한 글이 됩니다. 의견을 말할 때는 미래형보다는 현재형이 더 좋고, 현재보다는 과거형으로 말하는 것이 더 좋습니다. 독자의 마음을 움직이려면 자기가 온전히 책임질 수 있는 표현으로 써야 합니다. 자기 글에 책임지려면 미래형보다 과거형, 예정형보다 확정형으로 쓰는 게 좋습니다. 이는 책, 블로그, SNS를 사용할 때도 모두 통용됩니다.

- 예시 ① : 내일 양양 앞바다의 일출은 아름다울 것이다. (이처럼 추측하지 말고 직접 가 보고 난 후에 써야 합니다.)
- 예시 ② : 어제 아침 새벽 6시가 넘어 바닷물이 서서히 붉은 색으로 변하기 시작했다. 수평선 너머로 시뻘겋고 작은 강한 점이 보이기 시작했다. (이러한 표현은 과거형으로 적어야 소비자들에게 감흥을 전달할 수 있습니다. 예를 들어, '○○○ 영화를 보고 싶다'라고 쓰는 것은 기록할 필요가 없습니다.)

과거형, 확정형을 염두에 두고 글을 쓰면, 독자의 신뢰는 달라집니다.

- 나쁜 예시 : 우리 펜션은 커플 펜션입니다.
- 좋은 예시 ① : 우리 펜션은 3년 전, 양양의 예쁜 커플 펜션으로 지정되었던 일이 있었습니다.
- 좋은 예시 ② : 우리 펜션은 커플 펜션으로 만들기 위해 얼마 전 각 객실 앞에 파티션을 나누었습니다. 프라이버시 때문이죠.

- 나쁜 예시 : 우리 펜션은 커플 여행자들에게 인기가 높습니다. (독자에게 신뢰를 줄 수 없습니다. 근거 없는 자랑이기 때문입니다.)
- 좋은 예시 : 우리 펜션을 찾아오는 여행자 중 80%는 커플 여행자들입니다. (사업자가 경험한 근거를 포함한 과거형, 확정형, 구체적인 문장)

이처럼 독자가 인정하지 못할 막연한 자랑이나 상상, 예측보다는 사실로 표현하려는 글이 좋습니다.

6. 한 명의 마음을 얻는 글쓰기를 해야 한다

글을 적을 때는 독자층을 정하고 그들에게 필요한 글을 작성해야 합니다. 즉, 고객의 니즈를 파악한 글쓰기가 되어야 합니다. 소비자를 포괄적으로 놓고 글을 쓰면 소비자의 반응을 이끌어올 수 없습니다. 그렇기 때문에 해당 글을 누가 읽을지를 먼저 파악하고 글을 써야 합니다.

- 커플 여행을 원하는 여행자
- 가족 여행을 원하는 여행자
- 단체 여행을 원하는 여행자
- 당일치기 여행을 원하는 여행자 등

누가 내 글을 읽을지를 먼저 결정하고 글쓰기를 합니다.

7. 평범한 일상에서 글감을 찾는다

대부분의 블로그나 인스타그램 등의 SNS를 보면 오로지 펜션 소개 글, 펜션 홍보 글 외에 소비자가 관심을 보일 만한 다른 글은 보이지 않습니다. 사소한 글의 소재는 도심에서 거주하는 소비자의 관심을 유발할 수 있기에, 이와 관련된 사진과 글을 블로그, 인스타그램, 페이스북 등에 올려야 합니다. 이러한 사소한 글감들은 펜션을 노출하는 여러 게시물 중 노골적이지 않은 긍정적인 홍보의 소재로 사용될 수 있습니다.

〈사소한 글감 = 노골적이지 않은 홍보의 소재〉

- 대화를 나누어보고 싶은 펜션 지기 아저씨
- 포근한 엄마 같은 펜션 지기 아줌마
- 양양 수산 시장에서 장보기(수산물을 가장 싸게 좋은 상점에서 사는 법 등)
- 폭우 때문에 하지 못했던 펜션 정원 관리
- 감기 기운에 몸이 아파 청소하지 못한 객실
- 매번 펜션에 무언가를 만들고 있는 남편을 지켜보는 일

- 우리 펜션에 놀러 온 길거리 고양이와의 교감 등
- 일요일 오후, 손님을 다 내보내고 난 후의 휴식

글감은 구체적인 것, 쉬운 것, 현실적인 것, 사소한 것, 평범한 것들에 숨어 있습니다. 거창하지 않고 목적 지향적인 글이 아니어도 상관없습니다. 오히려 너무나 목적 지향적인 글은 독자의 반응을 이끌어낼 수가 없습니다.

글감은, '경험> 대화> 미디어> 독서> 상상'에서 찾을 수 있습니다. 경험과 대화에서 현실성이 높은 글감이 만들어지게 됩니다. 호랑이를 영어와 불어 한국어 등으로 알려주는 것보다 호랑이를 한 번 보여주는 것이 더 큰 효과가 있습니다.

〈정리 : 글쓰기의 원칙〉

글쓰기의 시작은 어렵지 않아야 합니다.

구체적이고, 쉽고, 현실적이고, 사소하고, 평범한 것에서 시작해서 보편적이고, 어렵고, 이상적이고, 중대하고, 비범한 것으로 발전시켜 나가게 됩니다. 그렇기 때문에 글쓰기는 어렵지 않고 쉽게 시작해야 합니다.

8. 펜션 설명 문구는 구체적이고 직관적으로 써야 한다

펜션 사업의 첫 출발은 펜션의 이미지 만들기입니다.

펜션의 이미지는 곧 그 펜션의 브랜드가 될 수도 있습니다. 수많은 펜션 사이에서 빛이 날 수 있는 펜션. 아마 누구나 꿈꾸는 펜션 이미지가 될 것입니다. 펜션의 이미지를 어디서부터 어떻게 만들어야 할까요? 펜션의 이미지를 만드는 방법은 바로 '세분화'입니다.

펜션의 이미지를 세분화하고 또 세분화해야만 비로소 남들과 구분되는 펜션으로 거듭날 수 있습니다.

〈펜션 이미지를 세분화한 설명 문구 만들기 예시〉

• 바닷가 앞 펜션 → 바닷가 5m 앞의 펜션

• 계곡 펜션 → 펜션 내에 허리까지 차는 깊은 계곡이 있는 펜션

• 예쁜 펜션 → 특별한 날, 프로젝트로 사랑을 표현할 수 있는 이벤트 공간을 제공

• 캠핑 펜션 → 옛 군대 시절의 향수가 있는 캠핑 펜션

• 수영장 펜션 → 성인 단체가 즐길 수 있는 큰 수영장이 있는 펜션

• 워크샵 펜션 → 100명 이상 수용 가능한 세미나실과 150명이 함께 즐기는 바비큐장이 있는 워크샵 펜션

• 황토 흙집 펜션 → 아궁이에 직접 불을 지피며 향수를 느낄 수 있는 황토 펜션

• 산장 펜션 → 털보 아저씨가 운영하는 정겨운 털보 아저씨네

• 이벤트 펜션 → 5가지의 이벤트가 준비된 이벤트 펜션

이처럼 세분화·구체화시켜야 남들과 구분된 펜션이 될 수 있습니다.

앞의 예시들은 제가 그동안 컨설팅했던 펜션들의 실제 네이버 플레이스 설명 문구입니다. 세분화한 콘셉트가 중요합니다.

9. 블로그 글은 디테일하게 작성한다

흥미가 생기지 않는 글쓰기란 어떤 글일까요?

예를 들면, 현재 자신의 밭에서 가꾸고 있는 작물들의 사진을 몇 장 올린 후, 그 작물의 이름 몇 자 적고 글의 마지막에 '우리 펜션에 놀러 오세요'라고 마무리한 스타일의 글입니다.

과연 이런 내용에 어떤 사람이 흥미를 느낄까요? 아마 거의 없으리라 생각됩니다. 블로그 방문자 수가 매우 적은 분들의 글을 보면 대부분 이런 식의 글입니다. 아무리 친한 사람일지라도 지인이 오늘 먹은 점심, 사무실에서 바라본 경치, 지인의 텃밭, 오늘 산책한 내용과 같은 지루한 내용에는 관심이 없습니다.

블로그뿐만이 아니라 카페 글, 웹페이지 등 대부분의 글을 제삼자가 관심 있게 보는 이유는 바로 정보 때문입니다. 누구도 관심을 가지지 않을 만한 지루하고 너무나도 소소한 내용의 글은 올리나 마나 한 결과를 낳습니다. 물론 정보성 글이 아니라도 매우 감성적인 내용이 담겨 있다면, 사람들의 관심을 받을 수도 있겠지만, 그렇게 감성적인 글을 쓰기란 만만치 않습니다.

그래서 저는 가장 관심을 가지기 쉬운 글은 바로 디테일한 글, 그리고 정보가 있는 글이라고 생각합니다. 어떠한 내용이든지 그 정보가 소소한 것일지라도 그 정보를 필요로 하는 사람들은 분명히 있습니다.

글을 조금만 더 신경 써서 완성한다면 누구나 관심을 가질 만한 글을 만들 수 있습니다. 특별한 작문 실력을 갖추지 않아도 됩니다.

앞에 소개한 예를 들어 다시 디테일하게 풀어본다면, 그 작물을 왜 키웠는지, 키울 때 어떤 점이 힘들었는지, 작물 중 어떤 작물이 가장 먹기 좋은 것인지, 어떤 색으로 익어야 따 먹기가 가장 좋을 때인지 등과 같이 설명할 수 있습니다.

블로그 글에는 전문성과 디테일함이 필요합니다. 지금까지의 블로그 글들이 여행지를 소개하는 정도의 글이었다면 이제부터는 그 글에 '딱 한 가지!'만이라도 디테일한 정보를 담아두시 바랍니다.

이번에는 사과를 블로그에 쓴다고 가정하고 예를 들겠습니다. 빨갛게 익은 사과의 사진을 올린 후, 사과의 모습에 관해 설명하고, 맛까지 표현한 후에 쉽게 접할 수 없는 디테일한 정보 하나만 더 적습니다.

우리나라 사과 재배지, 그중에서도 지역별 사과의 맛과 품종, 사과와 건강에 관한 이야기 한 가지를 더 추가해서 적는다면, 그 글은 읽는 이에게 사과의 소개보다 더 신뢰할 수 있는 정보가 될 수 있습니다.

그렇다면 어떻게 글을 디테일하게 작성할 수 있을까요? 모든 지식에 전문적인 사람은 없습니다. 대부분 글감을 찾을 때는 검색을 기반으로 글을 만들게 되는데, 가장 좋은 재료가 되는 곳은 각 지방 군청의 관광 사이트 또는 네이버 백과사전입니다.

만약 네이버 검색창에 '홍천'이라고 검색하면 '홍천문화관광포탈'이라는 사이트를 발견할 수 있고, '옹진군'이라고 검색하면 '옹진문화관광'이라는 공식 홈페이지를 찾을 수 있습니다. 내가 있는 위치의 문화 관광 공식 사이트를 찾아 그 정보를 중심으로 글을 만들어낼 수도 있습니다.

글을 작성할 때는 정보성 글이어야 한다고 이야기했습니다. 예를 들어, 내 주변에 유명한 여행지인 '○○공원'이 있다고 가정합니다. 그럼 그 공원의 사진 몇 장과 느낀 점 등을 짧게 적는 경우가 있는데, 좀 더 전문적인 정보를 쓰기 위해 네이버 백과사전에서 검색한 후, ○○공원의 유래, 위치, 즐길 거리, 행사 등을 상세하게 적어놓으면, 더욱 좋은 정보성 글이 됩니다. 거기에 좀 더 살을 붙인다면 같은 공원을 놓고 이야기를 풀어내더라도 20대가 좋아할 만한 정보, 40대가 좋아할 만한 정보로 글을 풀어놓을 수 있을 것입니다.

단, 다른 곳에서 먼저 만들어진 저작권이 있는 글은 그대로 써넣으면 안 됩니다. 저작권법에 관련 문제가 발생할 수 있으니 그 자료들은 참고만 하고, 그 글에 살을 더 입히거나 적절히 나의 글로 수정해서 저작권의 위험성이 있는 글에서 벗어나야 합니다. 물론 사진도 그대로 사용하면 저작권에 걸릴 수 있으니 절대로 그대로 써서는 안 됩니다.

최근에는 챗GPT를 활용한 글쓰기가 인기를 끌고 있습니다. 챗GPT는 검색창에 질문하면 AI가 인터넷의 정보를 학습해 좋은 답을 해주는 기능입니다.

챗GPT에서 '제주도에서 가장 인기 있는 여행지 3곳을 블로그 형식으로 설명해'라고 입력하면 꽤 그럴싸한 글이 자동으로 만들어집니다.

하지만 이 글을 읽으면서 글을 쓴 사람의 개성을 느낄 수는 없습니다. 그리고 시시콜콜하고 디테일한 정보는 담겨 있지 않습니다. 즉, 챗GPT를 활용해 정보의 답을 얻고, 그 답을 이용해 본인의 개성이 드러나도록 본문에 덧입혀서 블로그 글을 완성시키면 됩니다. 이제 글쓰기가 매우 쉬워졌습니다. 누구나 가능하기 때문에 블로그 마케팅 역시도 굉장히 쉬워졌습니다.

가장 현실적인 블로그
광고 노하우
- 인스타그램, 페이스북 등

1. 펜션 홍보의 자생력을 갖기 위한 펜션 블로그란?

이 장에서 소개하는 내용은 블로그를 기반으로 소개하고 있지만, 인스타그램이나 페이스북 등 모든 SNS에 통용되는 방식입니다.

'펜션 홈페이지의 사진과 블로그 등 SNS에서 사용되는 사진은 차별성이 있어야 한다.'

이 내용은 제가 펜션 컨설팅을 하는 펜션 사업자분들에게 꼭 이야기하는 부분입니다. 이유는 '홈페이지는 나의 상점이며, 영업을 하기 위한 온라인 공간이기 때문'입니다. 그러므로 홈페이지의 모습은 최대한 멋있고 화려하게 꾸미는 것이 정석입니다. 영업 공간에서 손님을 맞아 얼마나 노력을 했는지를 보여줄 수 있는 곳이기 때문에 많은 부분을 신경 쓰고 투자해야 합니다. 하지만 우리가 온라인에서 소비자들과 대화를 하는 공간은 달라야 합니다.

간혹 펜션의 블로그 또는 그 외 SNS(온라인 소통 공간)를 보면 홈페이지와 다르지 않은 사진을 그대로 올리면서 펜션 홍보를 하는 경우가 있는데, 이는 잘못된 방법입니다. 소비자들이 펜션 홈페이지를 확인했음에도 블로그 등을 찾아보는 이유는 좀 더 사실적이고 세세한 정보를 얻기 위해서입니다.

보통 영업 사원(홈페이지) 말과 내 친구(SNS)의 말 중 어느 대화에 더 귀를 기울일까요? 후자 쪽이 더 진정성이 있다고 받아들일 것입니다. 좀 더 이야기하자면 블로그, 인스타그램, 페이스북(SNS)에서는 소비자와 친구가 되어야 합니다.

예를 들어, 나를 적당히 왜곡하고 속 깊은 대화를 하지 않는 친구와는 더 깊은 관계로 발전할 수 없을 것입니다. 반대로 내가 가진 것이 화려하지 않더라도 진실로 대화하는 친구와는 금세 가까운 친구가 될 수 있습니다. 이는 온라인 안에서도 마찬가지입니다.

그렇기 때문에 블로그 등에 노출되는 사진들은 홈페이지의 사진처럼 적당히 왜곡해서 예쁘게 보이는 사진보다는 감성을 전달할 수 있는 사진과 정보, 그리고 정리가 덜 된 듯해도 진정성이 담긴 사진이어야 합니다.

최근 포털 사이트에 펜션 관련 대표 키워드를 검색하고 블로그 부분을 보면 누가 봐도 작업해서 노출시킨 듯한 사진들이 가득 있습니다.

단기적으로는 노출의 효과를 볼 수 있겠지만, 장기적으로 봤을 때는 부정적 효과만 얻게 될 것입니다. 만약 소비자가 그 글이 광고를 위한 글임을 눈치채는 순간, 그 펜션 블로그의 신뢰는 떨어질 것입니다. 소비자들은 이미 이러한 형태의 광고 때문에 피로한 상태인데, 광고와 다를 바 없는 정보를 확인했다고 해서 얼마나 관심을 가질 수 있을까요?

소비자에게 친근함과 신뢰를 전달하는 것이 쉬운 일은 아니지만, 펜션업을 계속한다면 장기적인 목표를 가지고 꼭 진행해야 할 것입니다. 그런데 이 경계가 참 애매합니다. 아무리 블로그와 같은 사적인 공간에 사진을 올린다고 해도 수준이 떨어지는 사진보다는 예쁜 사진이 클릭률이 더 높습니다. 그래서인지 최근에 프리랜서들이 활동하는 재능 마켓과 같은 곳을 보면 '사진 전문가가 아이폰으로 카페 사진, 건물 사진 촬영해드립니다'라는 광고 문구를 자주 발견할 수 있습니다. 작품 사진은 아니지만, 결코 가볍지 않은 예쁜 사진을 원하는 소비자들의 눈높이를 맞추기 위한 시도로 보입니다.

2. 펜션 블로그 광고를 위한 준비

블로그를 통해 나의 펜션을 알릴 수 있는 방법은 수도 없이 많겠지만, 본격적으로 블로그 마케팅을 하기 전에 꼭 알아두어야 할 몇 가지를 소개하겠습니다.

첫째, 블로그에서는 '보여주기식'이 아니라 대화하듯 '이야기하기'가 되어야 합니다.

둘째, 사진은 될 수 있는 대로 직접 촬영한 사진을 업로드하며 정보가 있는 내용으로 글을 채웁니다.

셋째, 나의 글에 관심을 보이는 사람이 있다면 즉각 반응(댓글)을 보이고, 상대방의 블로그에도 댓글을 남기며 관심을 표현합니다.

넷째, 블로그에서는 노골적인 홍보를 하지 않습니다.

다섯째, 꾸준히 업데이트(글과 사진)합니다.

여섯째, 먼저 상대방 블로그에 관심을 보입니다(댓글과 공감).

일곱째, 펜션의 주인이 누군지도 모르는 블로그보다는 그 지역 여행 정보를 잘 알고 있는 전문가가 되어야 합니다.

여덟째, 블로그에서는 '나'를 표현해야 합니다.

아홉째, 글을 쓸 때는 겸손해야 합니다.

열 번째, 비방과 정치적인 글은 삼가는 것이 때로는 좋습니다.

열한 번째, 저작권을 침해하는 스크랩은 절대로 해서는 안 됩니다.

열두 번째, 읽고 싶은 글 또는 호기심이 생기는 정보가 담긴 글이 되어야 합니다.

이제 블로그의 기본 성격에 대해서 이해하셨을 것입니다. 이것은 앞으로 이 책에서 사례와 함께 구체적으로 풀어갈 내용입니다.

3. 인스타그램과 네이버 블로그, 어떤 것을 해야 할까?

결론부터 말하자면, 둘 다 하는 것이 좋습니다. 인스타그램과 블로그는 SNS의 범주에 속하지만, 각각 활용 방법이 다르기 때문입니다.

블로그는 긴 글과 많은 사진, 동영상, 링크 등 정보를 담아두기에 좋은 공간을 가지고 있습니다. 사람들을 충분히 설득시킬 수 있는 충분한 글과 사진을 담아둘 수 있기 때문에 독자들에게 메시지를 전달하기가 굉장히 좋습니다.

반면, 인스타그램은 사진과 글, 동영상을 저장하기에는 공간이 부족합니다. 디테일한 정보를 담아주지 못하니 흥미 위주의 휘발성 강한 콘텐츠가 인기를 끌고 있습니다. 하지만 수많은 사람이 이용하기 때문에 콘텐츠의 확산이 수월합니다. 과거에 블로그를 열심히 했던 사람들도 인스타그램으로 많이 넘어갔습니다. 그렇기에 가장 좋은 조합은 '인스타그램으로 관심을 끌어 → 블로그로 고객을 유입시키고 → 고객을 설득시킨 후에 → 수수료를 내지 않는 홈페이지에서 판매하는 방식'입니다.

4. 광고 대행사 없이 비용 0원으로
    블로그 체험단을 모집하는 방법

모바일 SNS의 사용자 수가 급격히 늘었지만, 정보를 생산해내는 역할을 하는 블로그의 영향력은 아직도 여전합니다. 최근 몇 년 동안 인기를 끌어온 모바일 SNS와 같이 온라인에서 사람들과 이야기를 나누고 정보를 공유하며 소비하는 서비스인 블로그도 큰 범주에서 보면 SNS라고 볼 수 있습니다. 하지만 모바일 SNS와 조금 다른 부분도 있습니다.

블로그는 정보의 저장과 정보의 생산이 쉽기 때문에 블로그에 업로드되는 콘텐츠는 좀 더 전문적이고 깊이 있는 정보들이 많습니다. 그 전문적인 정보를 보기 위해서 많은 사람이 블로그 글을 검색해보고 정보를 습득하게 됩니다. 최근 인기 있는 모바일 SNS서비스로는 페이스북 또는 인스타그램, 틱톡 등이 있습니다. 이 공간에서 만들어진 콘텐츠들은 휘발성이 매우 강합니다. 나와 친구 관계인 사람들의 글이 타임라인에서 쉼 없이 업데이트되고 있습니다. 그렇기 때문에 모바일 기반의 SNS는 정보의 생산보다는 생산된 정보를 공유하고 빠르게 퍼뜨리는 역할에 더욱 유리하며, 검색 기반이 아닌 관계 기반이기 때문에 사람들과 소통이 블로그에 비해 좀 더 유리합니다.

지금 서점에 가 보면 블로그를 이용한 마케팅 책이 정말 수없이 많이 나와 있습니다. 블로그 마케팅을 소개하는 책 대부분은 너무나도 좋은 이야기를 담고 있지만, 현실적으로 작은 펜션에서 활용이 가능한 블로그 마케팅 책은 거의 없습니다. 2명이나 3명이 운영하는 소규모 펜션의 경우, 인력 부족으로 항상 바쁘게 이리 뛰고 저리 뛰며 일을 하는 것만으로도 벅차기에 블로그 마케팅에 집중할 시간을 낼 수가 없기 때문입니다(적어도 제가 컨설팅했던 운영자들은 그럴 여유가 없었습니다). 펜션을 오픈하고 빨리 모객해야 하는데, 언제 온라인에서 인기를 얻어 커질지도 모르는 블로그에 매달려 하루에 3~4시간을 투자할 수는 없습니다. 과거 블로그 홍보 경쟁이 치열하지 않을 때는 가능했지만, 현재는 직접 블로그 관리로 홍보 효과를 내기가 어렵습니다.

블로그를 잘 운영해본 사람들이라면 알겠지만, 블로그가 인기를 얻어 많은 구독자를 만들기까지는 꽤 많은 노력이 필요합니다. 희망적이지 못한 이야기를 독자들에게 해주지 못해서 미안하지만, 펜션 사장이 블로그를 처음 시작해서 1~2달 만에 인기 블로그로 만드는 일은 거의 불가능합니다.

아무리 좋은 방법이라도 현실을 직시하지 못한 방법이라면, 결국 그들에게는 뜬구름 잡는 이야기가 될 수 있습니다. 물론 쉽게 할 수 있는 방법도 있습니다. 홍보 대행업체에 돈을 지불하면 알아서 다 해줍니다. 하지만 이러한 '블로그 홍보 대행'은 큰 비용이 들어갑니다. 매출이 큰 펜션의 경우 광고 예산이 넉넉할 수도 있지만, 규모가 작은 펜션이라면 쉽게 대행을 맡길 수는 없습니다. 하지만 조금만 노력한다면 돈을 들이지 않고 블로그를 이용한 노출을 시킬 수도 있습니다. 이 방법은 너무나도 간단합니다.

〈남해 펜션을 검색했을 때 보이는 첫 페이지의 글〉

출처 : 네이버

그럼 지금 당장 돈을 들이지 않고 블로그 마케팅을 진행할 수는 없는 것일까요? 조금만 노력하면 충분히 가능합니다. 바로, 직접 '블로그 체험단'을 찾아내는 방법입니다.

블로그 체험단은 임의로 선택한 블로거에게 펜션에 대한 상품이나 서비스를 제공하고 후기를 작성해달라고 의뢰하는 방식입니다. 블로거 입장에서 볼 때 무료로 체험할 수 있는 펜션의 상품이 매력적인 상품이라면, 체험하고 싶어 하는 블로거들은 쉽게 찾아낼 수 있습니다.

진행 방법은 다음과 같습니다.

먼저 네이버 검색창에서 지역명을 포함한 상품 및 서비스를 조합한 단어로 검색해서 활발하게 활동하는 블로거를 찾습니다.

만약 내가 청주에서 펜션을 운영하고 있다면 청주, 세종, 대전 지역에서 활동하는 블로거를 찾는 것이 유리합니다. 네이버 검색창에 '청주데이트 코스, 대전 맛집, 청주 맛집, 대전 카페' 등의 지역명을 포함한 단어를 검색 후에 해당 키워드로 글을 쓴 블로거를 찾아냅니다.

수많은 검색 결과 중 '내 펜션'의 성격에 잘 맞을 만한 블로거를 찾습니다. 검색된 블로그의 프로필을 보면 DM을 보낼 수 있는 이메일 주소나 인스타그램 아이디 또는 전화번호를 남겨둔 블로거도 있습니다. 또는 연락처가 없을 경우, 블로그 주소의 뒷자리가 블로거의 아이디가 되기 때문에 직접 메일을 작성해 보낼 수도 있습니다.

예를 들어 블로그 주소가 'https://blog.naver.com/buzzga'일 경우, 뒷자리의 'buzzga'는 이 블로거의 이메일 주소가 됩니다. 'buzzga@

naver.com'으로 내 펜션의 블로그 체험단 활동이 가능한지를 질문합니다.

[이메일 예]

안녕하세요. 저는 청주에서 예쁜 풀빌라를 운영하는 사장 김○○입니다.

다름이 아니라 저희 펜션에서 이번에 새로 리모델링 오픈 기념으로 체험단을 모집하고 있습니다. 체험이벤트로 무료 2인 숙박권을 제공하려고 합니다.

1박 체험 후에 블로그에 사실적인 평가(후기)의 포스팅이 가능한지를 여쭙고 싶어서 글 남깁니다. 만약 가능하다면 아래 연락처로 전화나 문자 주세요.

감사합니다.

청주 ○○ 풀빌라 사장 홍길동 연락처 : 010-1234-5678

이런 글을 워드 프로그램이나 스마트폰의 메모에 저장해서 복사한 후, 블로거들에게 붙여넣기를 하는 방식으로 전달한다면, 20~30분 정도의 시간으로 50~60명에게 체험단 참여 권유 메일을 전달할 수 있습니다. 이 글을 해당 지역에 거주하는 블로거들에게 전달하는 수만큼 참여할 가능성이 커집니다. 그리고 참여를 원하는 블로거들에게 연락이 온다면 펜션에서 노출을 원하는 키워드를 1~2개 정해주고, 시간을 정해서 그들이 펜션에 방문하도록 하면 됩니다.

블로거가 펜션에 방문하게 되면 내 펜션의 매력이 어떤 것이 있는지 충분히 설명해주고, 글을 작성할 때 어필하고 싶은 부분과 피하고 싶은 부분들을 명확하게 설명합니다. 간혹 잘못된 블로그 정보로 손님들의 오해가 생기는 경우가 종종 있기 때문입니다.

그리고 체험을 다 마친 블로거에게는 체험을 마친 후 약 일주일 정도이내에 블로그 후기 글을 작성해달라고 마감 시간을 명확히 정해주고, 작성된 글은 최소 1년 이내 삭제하면 안 된다는 조건을 겁니다. 마지막으로 해당 글은 체험단 활동으로 작성된 글임을 밝히고, 객관적인 평가를 적은 글임을 노출시키면 됩니다. 이러한 방법으로 매월 5~6건 정도꾸준히 진행한다면, 3~4달이면 많은 사람들에게 노출되는 펜션이 될수 있습니다.

예전에는 블로거를 섭외할 때 영향력이 큰 파워 블로거들을 위주로많이 섭외했습니다. 하지만 지금 네이버 검색창의 결과를 보면 블로그의 영향력이 대단히 크지 않아도 검색 상위에 노출되는 블로그 글들이보입니다. 크고 영향력이 있는 블로그가 아니라도 진솔한 이야기를 꾸준히 담는 블로거에게 체험단 평을 맡겨도 크게 문제되지 않습니다. 다만, 체험단 활동을 한 내용이 과할 정도로 많은 블로그, 즉 전문성이 보이지 않는 블로그는 피하는 것이 좋습니다. 그리고 그들 중 나에게 호의적인 블로거가 있다면 꾸준히 친밀도를 높여서 내 펜션을 꾸준히 소개하고 알릴 수 있는 친구로 발전시켜야 합니다.

결국 내 펜션이 입소문이 나야만 이러한 번거롭고 귀찮은 광고 홍보작업을 덜 할 수 있게 됩니다. 그렇게 되기 위해서는 입소문을 잘 내는사람들과 친해져야 하는 것은 당연합니다. 이러한 방법은 인터넷이 없던 옛날이나 지금이나 마찬가지입니다. 다만 요즘 세상에서 입소문을잘 내는 사람들이란, 블로그나 인스타그램 등 SNS를 잘 사용하는 사람입니다. 네이버 카페 부분에서 '블로그 체험단' 단어를 검색해서 카페나 글을 찾아낸 후 모집하는 방법도 있습니다.

5. 온라인 마케팅의 기본 – 내 가게의 '중요 키워드 추출'

인터넷 홍보를 하기 전에 기본적으로 이해해야 하는 것이 있습니다. 바로 내 펜션에 올 확률이 높은 사람들이 네이버나 구글 검색창에 검색해보는 키워드를 파악하는 것입니다. 이것이 인터넷 마케팅의 기초가 됩니다. 그리고 파악한 키워드를 중심으로 지속해서 홍보해야 합니다. 그러한 키워드는 블로그, 카페, 지식인, 그 외 SNS 등을 할 때도 사용되며, 이 중요 키워드를 홈페이지의 이름이나 설명 문구, 해시태그(#), 온갖 글 등에 포함해야 검색 결과에 유리해집니다.

사람들은 춘천의 펜션으로 가기 전에 먼저, 네이버에 검색해보고 예약 가능한 펜션들을 찾아냅니다. 하지만 소비자의 목적에 따라 이런 대표 키워드 외에 다양한 키워드로 검색하게 됩니다.

이를테면, 다음과 같습니다.

| N | 춘천펜션 | ⌨ ▾ Q |

출처 : 네이버

춘천 여행, 춘천 풀빌라, 춘천 커플 펜션, 추천 가족 펜션, 춘천 숙소, 춘천 단체 펜션, 춘천 세미나 장소, 춘천 여행지 추천, 춘천 펜션 추천, 국내 여행지, 아이와 가볼 만한 곳, 데이트 장소, 프로포즈하기 좋은 곳, 기념일 여행, 럭셔리 펜션, 풀빌라 좋은 곳, 서울 근교 펜션

이처럼 매우 다양한 키워드로 검색하게 됩니다. 소비자가 이런 다양한 키워드로 검색했을 때 내 펜션이 자주 보인다면, 당연히 예약률은 높아지게 됩니다. 그렇기에 소비자가 자주 검색하는 단어를 먼저 추출해놓고, 키워드 광고나 블로그, 카페 등의 광고를 진행할 때 잘 노출될 수 있도록 노력해야 합니다.

'네이버 검색 광고'에서 단어를 입력해보고 얼마나 조회가 되는지를 찾아본 후, 중요한 단어부터 노출 작업을 해야 합니다.

출처 : 네이버

네이버 검색창에 '네이버 검색 광고'라고 검색하면, 네이버 검색 광고 가입, 로그인 화면이 보입니다.

출처 : 네이버

네이버 검색 광고 광고주 가입을 한 후 로그인을 하면 다음과 같은
화면이 보입니다.

출처 : 네이버

화면의 상단에서 '도구'를 클릭한 후에 '키워드 도구'를 클릭하면 키
워드를 써넣을 수 있는 화면으로 넘어갑니다.

키워드를 넣을 수 있는 공간에 내 펜션과 관련된 키워드를 넣으면 아래에 연관 키워드가 한눈에 보기 좋게 열거됩니다. 이 결과에는 해당 연관 키워드의 월별 조회 수와 클릭 수가 보이며, 모바일과 PC의 조회 수와 클릭 수로 세분화되어서 보입니다. 내 펜션에서 필요한 단어는 이 연관 키워드를 잘 활용해서 차곡차곡 추출해놓으면 됩니다.

블로그나 카페에 글을 쓸 때, 이제 이 단어들을 글의 제목과 본문 등에 삽입해서 사용합니다. 또는 블로그 체험단에게 펜션 리뷰를 의뢰할 때 해당 키워드를 중심으로 리뷰가 작성된다면, 점차 내 글이 인터넷에서 노출될 확률이 높아지게 됩니다.

블로그나 카페 등에서 내 펜션을 소개하는 글이 검색 결과 중 앞쪽에 보이도록 하는 홍보 작업은 실상 쉽지 않습니다. 너무나도 많은 경쟁자가 대표 키워드로 글을 쓰고 있기 때문입니다. 그러니 이러한 작업은 직접, 그리고 대행을 통해서라도 지속해서 상단에 노출될 수 있도록 해야 합니다.

그리고 중요한 것이 하나 더 있습니다. 바로 펜션 상호 노출입니다. 예를 들어, '가평 펜션'이라는 단어로 상단에 노출되게 하는 것은 어렵지만, '홍길동 펜션'이라는 내 펜션 상호를 상단에 노출시키는 것은 어렵지 않습니다. 사업 초기라면 대표 키워드를 잡기 위해서 많은 노력을 해야 하겠지만, 많은 노력을 기울여서라도 상호를 노출해야 하는 이유는 다음과 같습니다.

많은 사람이 가평에 있는 펜션을 알아볼 때는 '가평 펜션' 또는 '가평 풀빌라' 등으로 검색합니다. 아무도 알지 못하는 내 가게 이름인 '홍길동 펜션'이라고 검색하지 않습니다. 하지만 소비자들의 구매 패턴을 보면 꼭 상호를 다시 한번 검색해보기 마련입니다.

소비자들이 검색 후 구매 또는 방문하는 진행 과정은 다음과 같습니다. 인터넷에서 원하는 정보를 검색합니다. 처음 검색할 때는 '가평 펜션'과 같이 구체적이지 않은 단어로 해봅니다. 그리고 '가평 펜션'을 검색해 나온 수많은 결과 중 우연히 '홍길동 펜션'을 발견했다면, 구매 전 더 많은 정보를 파악하기 위해서 '홍길동 펜션'이라고 다시 검색해 블로그 글, 카페 글 등을 확인합니다. 인스타그램에도 '#홍길동펜션'을 검색해 얼마나 많은 사진이 등록되었는지 확인합니다. 당연히 많은 해시태그와 사진이 등록되어 있다면, 좋은 펜션으로 인지하고 정보가 많지 않다면 결제하기를 망설일 것입니다.

그렇기 때문에 소비자가 '내 펜션 상호'를 네이버 검색창에 검색했을 때, 첫 페이지에는 모두 내 펜션에 대한 정보가 입력되어 있어야 합니다. 펜션의 서비스, 객실, 장점, 이벤트 등의 정보를 제공하고 소비자들의 신뢰와 주목을 이끌어내야 합니다. 내 펜션 상호를 검색했을 때 부정적 평이 남겨진 글이 있다면, 당연히 그 글은 삭제해야 합니다.

'키워드 도구'에서는 연관 키워드뿐만 아니라 월간 검색 수와 월간 클릭 수 등을 PC와 모바일로 나누어 자세하게 보여주고 있습니다. 검색 수가 많은 키워드가 좋은 키워드이고, 공략해야 할 키워드입니다. 하지만 검색이 많이 되는 키워드는 그만큼 경쟁도 치열합니다.

예를 들어, '제주도 펜션'과 '제주도 숙소'가 똑같이 한 달에 1,000번 검색된다고 가정합니다. 그런데 '제주도 펜션'이라는 단어로 작성된 네이버 블로그 문서는 1만 개가 있고, '제주도 숙소'라는 키워드로 작성된 블로그 문서는 5,000개가 있다고 가정합니다. 어떤 키워드가 경쟁이 덜 치열한 걸까요? 당연히 '제주도 숙소'가 되는 것입니다.

그렇다면 영향력이 부족한 블로그를 운영한다면 '제주도 펜션'보다 '제주도 숙소' 키워드로 글을 작성해 퍼뜨리는 것이 좀 더 노출될 확률이 높다는 것입니다(각 키워드의 검색률과 문서 수는 이해를 돕기 위해 예를 든 것입니다).

월별 문서의 누적량은 '블랙 키위'라는 사이트에서 알아볼 수 있습니다(블랙 키위는 관심 키워드와 검색량 등을 확인할 수 있는 사이트입니다). 블랙 키위에서 '제주도 펜션'을 검색해보니 월간 검색량과 월간 콘텐츠 발행량까지 상세히 확인할 수 있었습니다. 6월 예상 검색량을 보니 101,000건으로 너무나도 많은 블로그 글이 '제주도 펜션'이라는 키워드로 작성됩니다. 초보 블로거라면 이런 키워드로 작업하는 것은 거의 노출을 이끌어낼 수 없으니 연관 키워드를 좀 더 찾아 문서 수(블로그 글의 수)가 낮은 키워드를 찾는 것이 중요합니다.

이 외에도 블로그 관련 데이터를 한눈에 알아볼 수 있는 좋은 사이트가 있습니다. '웨어이즈포스트'에서 블로그의 지수와 키워드별 검색량과 문서 수, 블로그 지수 등 여러 빅데이터 확인이 가능합니다. 블로그 차트에서 내 블로그를 분석해볼 수 있습니다(가입 후 이용 가능). 이와 같은 유·무료 사이트는 굉장히 많으니 자신에게 맞는 사이트를 활용하면 됩니다.

인터넷 공간에 펜션을 소개할 수 있는 공간은 너무나도 많습니다. 물론 모든 공간에 내 펜션에 대한 정보가 등록되어 있다면 더할 나위 없이 좋겠지만, 인터넷의 모든 공간에 노출하는 것은 불가능하니 필수로 노출해야 할 곳만이라도 꼭 등록할 수 있도록 해야 합니다.

선택과 집중! 그렇다면 지금 당장 홍보 작업을 해서 노출해야 할 공간이 어디인지 알아보고, 어떻게 잘 노출하는지 알아보도록 하겠습니다.

6. 노출이 잘되는 글쓰기 방법
– 블로그 SEO 최적화 방법

앞서 소개한 방법대로 블로그 체험단을 활용해서 블로그 마케팅을 꾸준히 진행한다면 분명히 좋은 결과를 충분히 만들어낼 수 있습니다. 그러나 결국 이런 방법은 남의 힘을 빌려서 블로그 마케팅을 진행하는 것입니다. 그러니 아무리 바빠도 '펜션을 대표하는 블로그'는 운영되어야 합니다. 소극적인 운영 방식이라도 운영은 되어야 합니다.

내 블로그를 운영해야 하는 이유는 여러 가지가 있지만, 그중 첫 번째는 펜션의 이미지를 만들기 위해서입니다. 내 블로그에 글이 하나도 없거나 지나치게 상업적으로 보이는 블로그를 운영하고 있다면, 블로거들에게 이메일, 안부글, 비밀댓글 등으로 체험단 의뢰를 할 때 친근한 이미지를 보여줄 수 없습니다. 블로그에 아무 글도 없거나 광고 대행사를 통해 무작위로 뿌려진 체험단 권유 메일로 인식하게 된다면, 결국 블로거들이 체험단 요청을 수락할 확률도 떨어집니다. 그 때문에 활발한 블로그 활동을 자주 하지는 못하더라도 기본적인 '이미지 노출'을 위한 블로그 관리는 필요합니다. 그리고 블로그에 대단한 정보가 들어가 있지 않더라도 가벼운 이벤트 등을 알리며, 손님들에게 정보를 전달하는 공간으로 사용될 수도 있습니다.

블로그를 적극적으로 활용할지, 소극적으로 활용할지는 블로그 체험단의 확보 여부에 따라 결정하는 것이 좋습니다. 그리고 블로그는 사업장의 규모가 작을수록 사람 냄새가 나야 합니다. 내 블로그에 나를 매력적이고 친근한 사람의 이미지로 노출할 수 있도록 노력해야 합니다.

당연한 말이지만, 누구나 블로그에 열심히 쓴 글은 검색 결과에 자주 보이길 바랍니다. 하지만 작성된 모든 글이 검색 결과에 잘 보이는 것은 아닙니다. 검색 결과에 자주 보이도록 하기 위해서는 네이버 검색창에 검색하는 키워드를 중심으로 글이 작성되어야 합니다. 간단히 그 방법에 대해서 알아보도록 하겠습니다.

예전에는 '글쓰기 최적화'라는 말이 꽤 유행했습니다. 마치 공식처럼 포맷에 맞춰 블로그 글을 쓰면 상단에 잘 보이던 시절도 있었으나 지금은 꼭 그렇지만은 않습니다. 물론 지금도 블로그 최적화 알고리즘은 존재하고 있지만, 그 방법은 계속 변하고 있습니다. 글자 수가 500자가 좋다, 1,000자가 좋다, 사진은 20장이 좋다, 50장이 좋다, 본문의 대표 키워드에 색을 입힌다 등 많은 말들이 있었습니다. 그런데 그런 소소한 법칙보다 중요한 것은 원칙입니다. 좋은 글쓰기 원칙을 지킨다면 상위 노출은 어렵지 않을 것입니다.

이제는 기본적으로 한 가지 주제를 담은 전문적인 블로그가 검색 노출에 더 유리합니다. 예를 들어, 미용실 블로그라면 미용에 관한 내용을 지속해서 담는 것이 좋고, 한식당이라면 음식 관련 글을 지속적으로 업데이트해야 합니다. 펜션이라면 여행이라는 주제를 지속해서 담은 블로그가 검색에 유리합니다. 여러 체험단 활동으로 주제가 불분명한 블로그는 점차 설 자리를 잃어가고 있습니다.

이유는 바로 네이버가 검색 결과를 노출하는 기준이 변했기 때문입니다. 전문적인 블로그로 하나의 주제만 담아야 합니다. 그리고 기본적인 블로그 글쓰기 방법을 익힌 후에 꾸준하게 글을 채워나간다면, 좋은 결과를 얻을 수 있습니다. 블로그 마케팅의 가장 기본은 기술이 아니라 진정성 있는 글과 꾸준함입니다.

그럼 노출이 잘되는 글쓰기 방법을 소개해보겠습니다.

첫째, 블로그 글쓰기에 가장 중요한 것은 제목입니다. 제목에는 내가 노출하려는 단어가 분명하게 들어가야 합니다.

블로그 글 제목 예시 - 연인과 함께 데이트 코스로 떠나기 좋은 가평 펜션 베스트 10

제목에 '가평 펜션'이라는 단어가 노출되었습니다. 이처럼 블로그 글이 검색될 때는 제목에 항상 신경 써서 올려야 합니다. 많은 키워드가 섞이면 검색이 더 잘될 거라고 생각하고 무의미하게 중요한 키워드를 열거해놓는 경우도 있습니다. 하지만 그러한 방법은 좋지 않습니다. 제목의 문장은 자연스러워야 하고 길지 않아야 합니다. 제목에 별 모양이나 클로버, 하트 등의 특수 문자는 네이버 AI가 글로 인식하기 어려우므로 특수 문자는 쓰지 않는 것이 좋습니다.

둘째, 본문이 그다음으로 중요합니다. 본문의 내용에 사진은 많으면 많을수록 좋습니다. 사진은 10장 이상, 그리고 글은 전체 본문으로 보면 약 1,000자 이상이 되어야 합니다. 그리고 글은 '사진-글-사진-글-사진-글'과 같은 구성으로 작성되는 것이 가장 좋습니다.

셋째, (중요!) 글을 작성할 때는 네이버 AI가 글을 더 쉽게 파악하게 하도록 해야 합니다. 그래서 글 서두 100자 안에 블로그 글 한 편의 요약을 하는 것이 중요합니다. 그러니 제목에서 사용한 중요 키워드 역시 글의 서두 100자 안에 포함되어야 합니다.

넷째, 글의 문장은 완벽한 문장이어야 합니다. 글쓰기를 하다 보면 임의로 '엔터'키를 눌러 글의 줄 바꾸기를 하는 경우가 있습니다.

- **예시 문장 ① : 제주도 여행을 하기 위해 좋은 교통 수단은 아무래도 렌터카입니다.**

- **예시 문장 ② : 제주도 여행을 하기 위해 좋은 교통 수단은 아무래도 렌터카입니다.**

문장 ①을 보면 문장이 완벽하게 마무리가 되지 않고 엔터를 눌러 줄 바꾸기를 한 상태입니다. 정석으로 문장을 만들려면 예시 문장 ②처럼 되어야 합니다.

다섯째, 블로그 글을 올릴 때 스크랩(복사)해서 올리는 콘텐츠는 좋지 않습니다. 간혹 블로그 글을 작성할 때 '스크랩(복사)'해서 올리는 경우가 있습니다. 이 방법은 검색이 될 확률이 거의 없으니 하지 않는 것이 좋습니다. 글(텍스트)도 복사해서 붙여넣기 하면 안 됩니다. 네이버는 비슷한 글도 걸러내어 원문에만 노출 기회를 주기 때문입니다. 그리고 글 또는 사진의 잦은 '복사 + 붙여넣기'는 페널티를 받게 됩니다. 즉, 우리가 알고 있는 저품질 블로그가 되는 것입니다.

여섯째, 태그도 체크해야 할 부분입니다. '태그'는 '글이 검색될 수 있도록 하는 꼬리표'라고 생각하면 됩니다. 과거에는 제목에 들어가는 키워드를 해시태그에도 적었지만, 최근에는 그렇게 하지 않습니다. 해시태그는 제목에 사용된 연관 키워드를 작성하는 방식으로 합니다. 이를테면 제목에 '가평 펜션'이라는 단어가 사용되었다면, 해시태그에는 '가평숙소', '가평여행', '가평민박' 등 연관 단어를 넣는 것이 좋습니다. 즉, 제목에 사용된 키워드는 해시태그에 사용하지 않습니다.

그리고 '이 중 하나는 걸리겠지' 하는 마음에 수많은 해시태그를 넣는 경우도 있는데, 그런 방식은 검색 노출에 별 효과를 얻지 못할뿐더러 오히려 네이버 AI가 좋은 글을 선택하는 데 방해 요소로 작용하므로 해시태그는 글에 필요한 단어만 노출하는 것이 좋습니다.

일곱째, 글쓰기를 완료한 후에는 맞춤법 검사기를 꼭 돌려야 합니다. 네이버 블로그 글쓰기 오른편 상단의 맞춤법 검사기를 누르면 네이버 AI가 판단해서 맞춤법에 맞도록 수정합니다. 이렇게 하는 이유는 네이버 AI가 글을 더 빠르고 쉽게 파악하도록 하기 위함입니다. 맞춤법이 틀린 글은 네이버 AI가 글을 파악하는 데 아무래도 더 긴 시간과 계산이 필요하기 때문입니다.

여덟째, 모바일에서 최적화시켜봐야 합니다. 네이버 블로그 글쓰기 오른쪽 하단의 모바일에서 보기, 태블릿 보기, PC 보기를 눌러 보면 각 디바이스에서 어떻게 보이는지를 확인할 수 있습니다. 대부분 모바일로 정보를 검색하고 글을 읽기 때문에 될 수 있으면 모바일에서 잘 보이고 예쁜 화면으로 구성하는 것이 좋습니다.

아홉째, 네이버 금칙어를 사용하면 안 됩니다. 블로그 글을 작성하다 보면 수많은 단어를 사용하게 됩니다. 그런데 네이버에서 금칙어로 지정된 단어를 사용하게 되면, 악영향을 우려해 노출에 제한을 하게 됩니다. 그러한 금칙어들은 총기, 사진, 불법, 범죄 등 우리가 일반적으로 예상해볼 수 있는 단어들입니다. 그런데 꽤 의외의 경우로 금칙어로 걸리는 경우도 있습니다. 이를테면 다음과 같습니다.

• 예시 : "누워 있는 학생들에게 총 기상! 이라고 크게 소리쳤다."

위의 문장에서 분명히 금칙어는 없어 보이지만 띄어쓰기를 사용하지 않았다고 가정하면, 문장의 중간에 총기상이란 단어를 AI는 붙여서 '총기'라고 읽는 것입니다.

그리고 의외로 상담, 의사 등의 건전한 단어가 금칙어에 포함되는 경우도 있으니 꼭 금칙어 검사를 해보고, 이를 수정한 후에 업로드하는 것이 좋습니다.

• 예시 : 몇 지점'의' '사'진입니다.

이 문장에서 보면 의도하지는 않았지만, '의사' 단어가 보입니다. 이 단어도 금칙어로 지정됩니다. 이처럼 의도하지 않은 단어가 금칙어로 걸릴 수도 있으니 금칙어 검사는 꼭 해보는 것이 좋습니다. 그리고 네이버 AI가 안 좋아하는 글은 확실히 규명하지 않은 글입니다. 예를 들어 '○○ 같아요', '○○인 것 같아요'와 같은 글은 필터링합니다. 명확한 정의를 내린 문장을 만드는 것이 네이버 검색에 더욱 유리한 글이 될 수 있습니다.

'현재의 네이버 AI라면 충분히 구분할 수 있지 않을까?' 하고 생각할 수도 있겠지만, 아직도 이런 오류는 너무나도 많습니다. 일일이 금칙어를 생각하면서 글을 쓸 필요 없이 모든 글을 다 작성한 후에 '금칙어 검사'를 해보는 것이 가장 빠릅니다.

네이버에서 '금칙어 검사'라고 검색하면 96페이지와 같은 화면이 나옵니다.

클릭하고 안으로 들어가면 글을 적을 수 있는 공간이 보이고, 글을 모두 작성 후에 'SCAN'을 누르면, 금칙어가 바로 표시됩니다.

열 번째, 소통하기입니다.

네이버에서 작성한 글이 상단에 노출되기 위해서는 앞서 설명한 방법 외에 또 다른 노력이 필요합니다. 앞서 소개한 방법대로 글쓰기를 했다면 이제는 많은 소통을 해서 글의 지수를 높여야 합니다.

블로그에는 댓글과 공감 버튼을 남기는 공간이 있는데, 검색 결과의 상단에 보이는 블로그 글들은 대부분 공감, 댓글 수가 많습니다. 그러므로 내 글에 공감과 댓글이 많이 달리도록 하고, 내가 쓴 글을 페이스북, 카카오톡, X(트위터) 등에 공유해서 더 많은 사람이 보게 된다면, 블로그 지수는 더욱 높아지게 됩니다. 친한 지인들이 모여 있는 네이버 밴드나 카카오톡 단톡방 같은 곳에 자신의 글을 링크해서 업로드시키고, 지인들에게 공감과 댓글을 눌러달라고 하는 방식도 있습니다.

지금도 블로그를 이용한 마케팅의 인기는 식을 줄 모르지만, 예전에는 블로그 마케팅을 하기 위한 공식이 있는 것처럼 인식되던 시절도 있었습니다. 하지만 지금은 진정성이 있는 글로 소통을 하는 블로그가 더 인기를 끌고 있으니 불법 프로그램이나 단순 노출을 위한 꼼수 등을 사용하지 않는 것이 좋습니다. 불법 프로그램 등으로 인기를 얻은 블로그들은 며칠에서 몇 주 동안 잠깐 많은 방문자 수를 끌어오는 것 같지만, 결국에는 저품질 블로그로 인식되어 방문자 수가 급감하는 최후를 맞이하게 됩니다.

그리고 최근 혁신이라고 할 만한 매우 중요한 변화가 있었습니다. AI의 발달로 새로운 글을 만들어내는 것이 더 쉬워진 것입니다. 클로드(Claude)나 챗GPT는 가입만 하면 무료로 사용할 수 있는데, 완벽하지는 않지만 이제는 누구나 소설, 에세이, 시, 블로그 글 등을 손쉽게 작성할 수 있게 되었습니다. 예를 들어, 챗GPT 검색창에 '삼겹살을 맛있게 굽는 방법을 소개해'라고 입력하면 좋은 정보가 담긴 긴 글을 뚝딱 얻을 수 있습니다. 또는 '삼겹살을 맛있게 굽는 방법을 블로그 형식으로 작성해'라고 쓰면 금방 블로그 형식의 글로 새로운 글을 만들어줍니다.

만약 글이 너무 정중하고 무거워서 마음에 안 들 경우 '작성된 글을 좀 더 가볍게 써줘'라고 명령하면 금방 밝고 가벼운 스타일로 글을 만들어줍니다. 다만 이렇게 만들어진 글을 그대로 '복사+붙여 넣기'를 하기보다는 이것은 참고용으로만 사용하고, AI에서 생성된 글에 작성자가 살을 더 입히고 뺄 건 빼서 새로운 글을 만들어내 자신만의 새로운 글을 창작하는 것을 추천합니다. 이런 방식으로 글쓰기를 한다면 매번 새로운 창작글을 만들어내는 데 필요한 시간을 크게 단축시킬 수 있습니다. AI를 사용한 글쓰기 방법은 꼭 사용하길 바랍니다.

블로그 최적화를 위한 방법은 이것이 거의 전부입니다. 매우 간단한 방법이지만 앞서도 설명했듯이 그보다 더 중요한 것은 꾸준함과 글의 스토리입니다. 사람들이 관심을 가지고 읽어볼 만한 내용을 잘 작성해야 하고, 무엇보다 중요한 것은 사람들의 시선을 끌어당길 수 있는 자극적인 제목을 만드는 방법입니다. 이것을 '후킹'이라고 하는데, 이 내용은 추후 다시 설명하겠습니다.

7. 내 블로그 글이 상단에 노출되지 않는 이유

블로그를 만든 후 내 글이 바로 노출되지 않는 이유에 대해서 설명하겠습니다. 블로그는 네이버 자체 룰에 의해서 좋은 글, 안 좋은 글로 평가받게 됩니다. 하루에도 수천 개 이상의 블로그가 만들어지기 때문에 포털사이트 내의 까다로운 알고리즘에 의해서 노출 순위가 변동합니다.

블로그 초반에 알아야 할 것이 있습니다. 블로그는 처음 개설하고 적어도 30일 정도는 지나야 지수를 얻기 시작합니다. 또한, 내 블로그 전체 글이 약 40~50개 정도는 되어야 검색이 잘되기 위한 지수를 얻게 됩니다. 물론 몇 개를 써야 노출되기 시작한다고 정의하기는 어렵지만, 지금까지의 경험에 비춰볼 때 40개 정도의 글이 쌓이기 시작할 무렵부터 노출이 되기 시작했습니다.

이러한 보이지 않는 알고리즘 때문에 블로그 초보자들은 블로그를 만들고, 글을 여러 개 썼음에도 네이버에서 검색이 되지 않으니 금세 포기하는 경우가 발생합니다. 그러니 이 점을 기억하고 꼭 꾸준히 블로그를 하길 바랍니다.

가장 좋은 방법은 펜션 창업을 결정하고 난 후 펜션을 오픈하기까지의 긴 창업 준비 기간 동안 창업하게 될 동네의 여행지와 맛집 등을 소개하면서 블로그 마케팅을 위한 준비를 차곡차곡 해두는 것이 가장 좋습니다. 초반에는 여행과 펜션 관련된 주제라면 어떠한 글도 좋으니 시간 날 때마다 여러 개의 글을 올리는 것이 좋습니다. 초반에는 간단한 글이라도 상관없습니다. 챗GPT 등을 이용하면 창업 준비로 바쁜 상황에도 하루에 여러개의 글을 작성하는 것은 문제가 안 됩니다.

8. 신뢰할 수 있는 퍼스널 브랜딩 작업

블로그는 내 펜션을 잘 보여주는 것도 중요하지만, 나(펜션 사장, 글쓴이)를 잘 표현해야 합니다. 소비자들에게 영업 사원이 아닌 친근한 사람처럼 보여야 좀 더 쉽게 다가갈 수 있기 때문입니다. 블로그 이미지는 상품 사진으로 가득 찬 모습보다는 글쓴이의 성격을 잘 드러내도록 노력해야 합니다. 셀카를 많이 찍으라는 뜻이 아닙니다. 블로그 글만 읽어도 글쓴이의 성향을 파악할 수 있도록 개성 있는 글쓰기 또는 사진이 되어야 한다는 것입니다. 그리고 콘텐츠는 당연히 눈에 띄어야 합니다.

대부분의 소비자는 지방 작은 마을의 가게 이름을 알 수가 없습니다. 당연히 작은 가게의 상품도 모르고 신뢰할 만한 상품인지 가늠할 수도 없습니다. 그렇기에 작은 가게는 '소비자가 믿고 제품을 구매할 명분을 만들기', 즉 제품에 신뢰라는 이미지를 집어넣는 것이 가장 큰 숙제라고 할 수 있습니다. 예를 들어, 모르는 동네를 걷다가 식사를 하려고 할 때, 대부분 사람들은 식당 주차장에 차들이 많은 곳에 들어갈 확률이 높습니다. 많은 사람이 찾아왔기 때문에 어느 정도 신뢰할 수 있는 가게라고 예상할 수 있기 때문입니다. 하지만 가게가 아무리 크고 멋지게 만들어져 있다고 해도 그 안에 주차된 자동차와 손님이 하나도 없다면 그 가게는 맛없는 식당일 거라고 예상하고 안으로 들어가지 않을 것입니다. 믿고 상품을 구매하도록 하는 신뢰의 이미지는 영업에 가장 필요한 요소입니다.

작은 업체의 제품에 신뢰의 이미지를 집어넣는 방법에는 여러 가지가 있습니다. 펜션의 경우는 인터넷에 좋은 후기들이 많다면, 그것이 바로 식당 앞에 주차된 자동차들과 같은 역할을 하게 되어 구매력을 높여주게 됩니다. 그리고 신뢰의 이미지를 얻을 수 있는 효과적인 방법이 하나 더 있습니다. 바로, 사람입니다. 상품을 제공하는 사장의 이미지를 함께 소개하는 것은 신뢰를 얻기 위한 매우 효과적인 방법입니다.

사업 규모가 작은 펜션의 경우에는 2가지 이미지를 잘 노출해야 하는데, 바로 펜션의 이미지와 사람(사장)의 이미지입니다. 이 2가지 이미지를 함께 노출하면 펜션의 구매율을 높이는 데 큰 도움이 됩니다.

이전에 제가 집필했던 《대박 펜션의 비밀》에서 소개했던 사례가 하나 있습니다. 간단히 이 펜션에 관해서 설명해보겠습니다.

제주 P펜션은 제주도 여행자 수가 급격히 늘어가는 시점에 창업했습니다. 문의가 늘어가는 것도 피부로 느낄 만큼 좋은 시기였음에도 예약으로 성사가 잘 안되던 것을 고심했습니다. 그래서 당시 펜션 사장은 시설 투자 또는 광고 방식의 변화, 이 둘의 변화를 어떻게 줘야 할지 저에게 물었습니다. 하지만 많은 돈을 들여서 공사를 하기 어려웠기에 광고 방법 변화에 집중하기로 했습니다.

그리고 저는 이 평범한 제주도 펜션을 특별하게 보이도록 하기 위해서 특별한 펜션 사장의 이미지를 더 전면에 보이도록 권했습니다. 당장 펜션 시설 수준을 높일 수가 없으니 신뢰할 수 있는 기대치를 높여 상품을 팔아야 했습니다. 신뢰를 전달하고 설득에 필요한 작업을 할 수 있는 공간은 블로그, 유튜브, 인스타그램, 네이버 카페 등이 있습니다. 그리고 고객들은 블로그나 인스타그램을 확인한 후 자신들의 기준으로 '대화가 가능한 블로그'인지 '대화가 어려운 블로그'인지 파악하게 됩니다.

상품을 잘 팔기 위해서는 '믿을 수 있는 상품'이라는 이미지를 만들어야 하는데, 그 신뢰할 수 있는 이미지를 만들기 위해 가장 좋은 방법은 펜션을 운영하는 사람을 매력적이고 신뢰할 수 있는 사람으로 표현하는 것입니다.

그래서 당시 저는 P펜션 사장님을 더 멋지게 표현할 수 있는 재료가 무엇이 있는지 한참 고민했고, 결국 사장님이 과거부터 하고 싶었던 '할리 데이비드슨' 라이딩이라는 소재를 찾게 되었습니다.

P펜션 사장님의 이미지를 흔한 '펜션을 운영하는 중년의 아저씨'가 아닌, '크고 멋진 할리 데이비드슨을 타고 제주도를 누비는 중년 아저씨'의 이미지로 콘셉트를 잡기로 했습니다. 그리고 펜션 사장님은 펜션에 손님들이 없는 날에는 오토바이를 타고 제주도 곳곳을 드라이브하며 사진을 찍고, 이를 SNS에 올리기 시작했습니다.

가죽 재킷을 입고, 독특한 헬멧과 선글라스를 착용한 중년의 남자가 큰 오토바이 위에 앉아서 셀카를 찍으면서 여행지를 간단하게 소개했습니다. 콘셉트 없이 무작정 올리던 이전과 달리 이러한 SNS 글에 사람들의 관심과 반응이 매우 뜨거웠습니다. 당시에는 여러 SNS 모두 함께 방법을 배워서 시작했지만, 가장 반응이 좋았던 것은 네이버 블로그 글이었습니다. 이러한 이미지는 블로그뿐만 아니라 인스타그램에서도 똑같이 적용할 수 있습니다.

〈제주도 P펜션과 할리 데이비드슨 오토바이〉

✏️ **제주 P펜션 SNS의 글 1**

오늘의 제주도 드라이브 코스

펜션에 손님이 없는 오늘… 당연히 엔진소리 한번 들어야겠죠. 오늘 도착한 곳은 쇠소깍입니다. 내 펜션에서는 약 30분 정도 걸리는데요. 제주 여행을 한다면 꼭 한번 들러보는 것이 좋습니다. 날이 좋을 때는 작은 카약을 타고 바닷속 아래를 구경할 수도 있어요. (중략)

✏️ 제주 P펜션 SNS의 글 2

오늘의 제주도 드라이브 코스

오늘 제 애마를 끌고 찾아간 곳은 성산일출봉입니다. 저희 펜션에서는 약 20분 정도 거리에 있죠. 제주도에서 지내면서 워낙 많이 봐온 모습이라서 저에게는 그리 감동적이지는 않습니다. 우리 펜션의 전망도 끝내주거든요.

오늘 이 근처를 찾은 이유는 맛집을 찾아가기 위해서입니다. 성산일출봉 바로 앞 위치한 ○○식당인데 가격도 맛도 일품입니다. 제주도에 놀러 오시면 한번 이 식당에 들러보세요. 예전에는 현지 분들만 알았는데 점점 여행객들에게도 소문이 났나 봅니다. 조금 복잡하지만 그래도 맛은 이상 없습니다! (중략)

✏️ 제주 P펜션 SNS의 글 3

오늘의 제주도 드라이브 코스

햄버거 하나 사러 나오는데도 제 애마가 함께했습니다. 다음 주에 할리 동호회에서 저희 펜션에 온다고 하는데, 저도 그 대열에 끼어서 드라이브하기로 했습니다.

벌써부터 기대가 되네요. 할리 동호회가 오면 다시 사진 올려보도록 하겠습니다. (중략)

상업적인 이미지가 빠진 SNS 글처럼 보이지만, SNS에 업로드되는 글은 펜션 사장의 좋은 이미지와 주목받는 큰 오토바이, 그리고 펜션에 대한 간접 홍보까지 모두 한 편의 글에 녹여놓았습니다. 이러한 글과 사진은 소비자들에게 점차 부담 없이 다가가게 되었습니다.

예전에 P펜션의 블로그나 SNS에 올리는 사진들을 보면 대부분 펜션 외부나 객실의 모습만 소개되었습니다. 소비자들은 그러한 글을 상업적인 글로 판단하고 관심을 가지지 않았습니다. 하지만 할리 데이비드슨에 푹 빠진 중년 아저씨의 모습은 유쾌하고 엉뚱했습니다. 그리고 자유롭게 사는 모습이 여유로워 보였으며, 은색의 큰 오토바이는 갖고 싶을 만큼 매력적으로 보였습니다. 이런 연출을 해서 SNS에 올릴 때마다 팔로워들의 반응은 전과 달리 매우 따뜻하고 친근했습니다.

팔로워들의 댓글은 다음과 같습니다.

〈제주 P펜션 SNS의 댓글〉

"아저씨 너무 멋집니다."

"오토바이가 너무 멋지네요!"

"다음에 또 제주도의 아름다운 곳들을 소개해주세요."

"사진만 보는 것으로도 힐링됩니다."

"저도 제주도를 오토바이로 일주해보고 싶어요."

"펜션에 한번 놀러 갈게요."

"제주도 놀러 가면 아저씨 한번 만나봐야겠네요."

"좋은 글 또 올려주세요."

펜션 객실을 판매하려면 먼저 소비자들의 시선을 끌어모은 후에 내가 판매할 상품을 보여줘야 합니다. 하지만 대부분 많은 사장은 소비자를 주목시키는 방법을 이용하지 않고 미련할 정도로 오직 상품(펜션)만을 광고나 홍보를 통해 노출시키고 있습니다. 주목이 우선입니다! 상품을 지속적으로 사람들에게 노출시키면 소비자들이 구매할 것이라 생각하지만, 소비자는 크게 반응하지 않습니다.

제주도 P펜션은 사람 냄새나는 좋은 콘셉트를 만든 후 점차 사장의 이야기에 관심을 갖는 사람들의 수를 늘려나갔습니다. 소비자들에게 주목받는 상품은 구매율이 높아집니다. 하지만 이 단순한 원리를 많은 펜션 운영자들이 놓치고 있기 때문에 '주목'에 대해서 쉽게 이야기해보려고 합니다.

제 나이와 비슷하거나 저보다 좀 더 연배가 있는 분들은 길거리 장사꾼들을 기억하고 있을 것입니다. 옛날에는 동네 곳곳을 돌며 상품을 판매하는 '약장수'라는 사람들이 있었습니다. 거리의 많은 사람들을 끌어모아 이목을 집중시키고 판매하는 방식은 단순하지만 세일즈의 가장 기본이라고 할 수 있습니다. 그들의 판매 방식은 다음과 같습니다.

〈약장수의 판매 방식〉

1단계 먼저 사람들이 많이 다니는 거리를 물색한다.

2단계 거리에서 사람들을 빠르게 모으기 위해서 큰 구렁이를 꺼내놓기도 하고 원숭이를 훈련시켜서 재롱을 부리도록 한다. 만약 물건을 빨리 팔고 싶은 마음에 급히 상품부터 꺼내놓으면 운집된 사람들은 곧 상품에는 흥미를 잃고 그냥 지나쳐버린다.

3단계 신기한 구렁이와 원숭이의 재롱에 제법 사람들이 많이 모였다. 하지만 지금 급하게 물건을 팔아서는 안 된다. 좀 더 군중들이 좋아하는 것들을 보여주며 즐겁게 만들어주고 더 주목받기 위해 노력한다. 약장수는 웃고 있는 사람들을 향해 "언니", "삼촌", "어머니, 아버지"를 외치며 사람들의 경계심이 풀어질 때쯤에 자신의 주 영업 대상만을 남겨두고 영업 대상이 아닌 사람들은 제외시킨다.

"자, 애들은 가라", "자, 이 약으로 말씀드릴 것 같으면…"이라고 소리치며 물건을 사줄 가능성이 있는 사람에게 눈을 맞추며 판매에 집중한다.

기술이 발전해서 인터넷이라는 시스템을 이용하는 것일 뿐, 옛날의 영업 방식이나 지금 인터넷을 통한 영업 방식은 크게 다르지 않습니다. 앞서 설명한 (1단계의) 예처럼, 펜션 운영자는 사람들이 많이 다니는 거리에 좌판을 펼쳐야 합니다. 즉, 사람들이 어떤 온라인 서비스(SNS, 검색엔진 등)를 가장 많이 사용하는지 조사합니다. 그리고 원숭이의 재롱과 같은 효과를 얻기 위해 전문성 있는 정보나 재미있는 정보 등을 소개해서 콘텐츠를 즐기는 사람들이 모일 때까지 지속적으로 노출합니다. 인터넷에서 인지도를 쌓으며 팔로워를 점차 늘려나가면서 친밀도를 높입니다. 사람들의 수가 점차 많아지게 되면 비로소 내 펜션 상품을 친근함과 신뢰의 이미지로 포장해서 그들에게 판매합니다.

만약 객실을 빨리 판매하고 싶은 마음에 SNS에 객실 사진들만 올려놓게 되면, 소비자는 홍보성 글이라고 판단하고 내 글에 관심을 보이지 않을 것입니다. 그렇기에 인터넷에 펜션을 홍보하기 위해서는 먼저 소비자의 주목을 받은 후에 판매해야 합니다. 이 방법을 잘 따른 제주도 P펜션은 기본적인 노출을 위해 검색 광고나 인터넷 등록을 모두 마친 후, 콘셉트를 만들고 블로그나 SNS 활동을 꾸준히 진행했습니다.

다시 말하지만, 사업 규모가 작을수록 주목받는 신뢰의 이미지를 만드는 것이 무엇보다 중요합니다. 신뢰의 이미지를 심어주기 위해 사람(사장)을 소개하는 것만큼 좋은 것은 없습니다. 그리고 그 사람에 소비자의 시선이 집중되도록 해야 합니다.

9. 펜션 블로그에 돈 되는 이미지 만들기(이미지 마케팅)

새로운 여행지를 떠나는 사람들은 누구나 설렘을 갖고 있습니다. 그리고 모르는 지역 또는 처음 방문하는 숙소라면 약간의 불안감을 느끼기도 합니다. 소비자 입장에서는 그 불안함이 여행 전 펜션을 예약하는 데에도 영향을 미칩니다. 상품을 판매해야 하는 판매자 입장에서는 소비자의 불안한 요소를 모두 해소하고 거래하는 것이 정석입니다. 즉, 예약 전환율을 더 높이는 방법, 그리고 소비자들이 예약(구매)하기 전에 불안 요소를 해결하는 방법이 무엇이 있는지 알아보도록 하겠습니다.

〈소비자 입장에서 새로운 여행지(펜션)에 가기 전에 느낄 수 있는 불안 요소〉
• 사진에서 본 것과 똑같을까?
• 도착 후 숙소는 청결할까?

- 펜션 지기는 친절한 분일까?
- 안전사고의 위험은 없을까?
- 여행하는 날 날씨는 좋을까?

소비자는 이 외에도 여러 가지 작은 불안함을 느끼고 떠납니다. 이러한 불안감은 결국 소비자가 지갑을 열도록 하는 데 제약이 됩니다. 하지만 조금이라도 신뢰의 모습을 줄 수 있다면, 아마 소비자는 이전보다 더 지갑을 활짝 열게 될 것입니다. 신뢰를 주는 것도, 불안함을 없애주는 것도 역시 사람이 해결할 수 있는 부분입니다. 그 방법은 매우 간단합니다. 펜션을 운영하는 '나'를 표현하는 것입니다.

소비자는 회사와 이야기하기보다는 사람과 이야기하길 원합니다. 하지만 대부분의 펜션 홈페이지나 블로그를 보면 사람은 없고 펜션만 있습니다. 펜션 예약을 하기 전, 여러 방향으로 인터넷 검색을 하기 전에는 '과연 이곳이 신뢰할 수 있는 곳인지, 아닌지' 알 수가 없습니다.

최근 신뢰 마케팅이라는 단어가 많이 거론되는 만큼, 기업의 신뢰는 구매 전환율과 매우 깊은 관계가 있습니다. 물론 사업 규모가 크든 작든 소비자에게 상품 및 서비스를 판매한다면 펜션도 이에 해당합니다.

이런 마케팅 방법(신뢰 마케팅)은 꽤 오래전부터 사용되어왔습니다. 길거리를 걷다 보면 음식점 간판에 식당 주인의 얼굴을 집어넣고 영업을 하는 곳을 본 적이 있을 것입니다. 그리고 TV를 보면 자동차 광고 또는 보험 광고 등에서 기업의 대표가 직접 나와 광고에 출연한 모습을 본 적도 있을 것입니다.

여러 가지 이유에서 기업을 대표하는 사람의 이미지(모습)를 전면에 내세웠겠지만, 그중 한 가지는 제품에 신뢰를 심어주기 위해서입니다. 그러므로 나를 표현해서 신뢰를 얻기 위해서는 블로그 또는 홈페이지 내에 '나'를 적극적으로 표현해야 합니다. 소통을 위한 창구인 블로그를 사용하면서 나를 표현하지 않는다는 것은 매장 내에서 물건에 대한 정보와 지식을 가진 영업 직원 없이 물건을 판매하는 것이나 다름이 없습니다.

'이 물건이 마음에 들면 사고, 마음에 안 들면 사지 마라.' 이와 같은 이치인데, 이렇게 여유 있게 영업하는 사람들이 과연 몇이나 될까요?

나의 이름을 걸고 영업을 하겠다는 이미지는 매우 큰 신뢰를 줄 수 있습니다. 그리고 블로그나 인스타그램을 운영하며 판매자가 소비자와 직접 소통을 한다는 것은 너무나도 좋은 기회가 아닐까요? 그럼 나의 이미지를 어떻게 표출해야 할지 자세히 알아보도록 하겠습니다.

펜션의 이미지를 잘 노출해서 성공한 사례

펜션을 운영하는 '나'의 이미지가 얼마나 중요한지 제가 과거에 컨설팅했던 펜션을 예로 들어 설명해보겠습니다. 그리고 이 내용은 펜션 홍보의 성공 사례이기도 합니다.

어느 날, 'A펜션'에서 연락이 왔습니다. 당시 A펜션은 펜션을 시작한 지 8개월 정도밖에 되지 않았고, A펜션 주변에는 10여 개의 너무나도 화려한 펜션들이 모여 있었습니다. 그 동네 전체가 펜션 사업으로 호황을 누리던 시절이었고, 펜션 사업 시작 8개월밖에 되지 않은 'A펜션 사장'은 너무나도 고전을 하고 있었습니다. 'A펜션'이 고전하고 있는 이유는 여러 부분에서 찾아볼 수 있었는데, 가장 큰 이유는 펜션의 내·외부의 디자인 수준 때문이었습니다. 주변의 럭셔리한 펜션들에 비해 화려함이라고는 찾아볼 수 없는 산장 형태의 통나무집이었기 때문이었습니다.

저에게 컨설팅을 의뢰했을 당시 적지 않은 광고료를 지출하고 있음에도 상황은 그리 좋지만은 않았습니다.

"옆집에서 광고비를 100만 원을 쓰면 나도 100만 원을 쓰고, 건넛집에서 200만 원을 쓰면 나도 200만 원을 쓰는데 왜 내 펜션만 영업이 안 될까요?"라는 질문을 받았습니다.

그 질문에 대한 답은 너무나도 간단했습니다. 펜션 디자인에도 유행이 있고 보편적인 사람들이 선호하는 스타일이 있는데, 유행을 잘 따르고 있는 주변 펜션들은 소비자들의 눈에 잘 띄었기 때문에 영업이 잘되었고, 통나무집, 산장 펜션 이미지는 보편적인 사람이 보기에 상대적으로 수준이 낮아 보였던 것입니다. 이렇게 소비자들의 성향이 높은 퀄리티의 펜션에 눈높이가 맞춰져 있는데, A펜션은 주변 예쁜 펜션들의 광고 방법을 그대로 따라 했기에 결과는 당연히 좋지 못했습니다.

이후 제가 직접 펜션을 방문해서 둘러보고 광고와 홍보 방향을 체크한 후에 A펜션에 다소 엉뚱한 과제를 주고 돌아왔습니다. 옷을 바꿔 입고 2주 동안 면도만 하지 말라고 한 후, 다시 찾아오겠다고 했습니다. 엉뚱한 과제를 주고 돌아갔으니 아마 저를 적잖이 원망스러워했을 것입니다. 하지만 제가 이렇게 제안한 충분한 이유가 있었습니다.

A펜션이 있는 자리가 하필이면 한참 잘나가는 펜션단지의 틈에 끼어 있어서 상대적으로 수준이 낮아 보이는 것일 뿐이지, '만약 산장 느낌의 A펜션이 지리산 중턱에 떡 하니 자리하고 있으면 얼마나 멋질까?'라는 생각을 했던 것입니다.

'아름다운 산속에 허름하지만 정겨운 산장, 얼마나 멋지고 잘 어울릴까?'

오히려 지리산 중턱에 '유럽형 화이트 목조 펜션'이 있다면 너무나도 어색할 것입니다. 하지만 현실적으로 지리산 중턱으로 펜션을 통째로 가져다 놓을 수도 없었습니다. 그렇다면 현재 A펜션을 더욱 멋스럽고 경쟁력을 가질 수 있도록 만들기 위한 답은 현재 펜션의 모습을 더 산장처럼 만드는 것이었습니다!

그래서 본격적이지만 매우 간단히 멋스러운 펜션으로 거듭나기 위한 작업을 시작했습니다. 먼저, 주변 펜션들의 화려함을 따라가려고 억지로 꾸며놓은 듯한 것들을 없애야 했습니다. 침대에 붙어 있던 캐노피를 없애고 알록달록 침대보를 더 단순한 것으로 바꿨습니다. 또한, 어색하게 화려한 느낌을 모두 지우고, 이 건물의 주 소재인 나무가 잘 보이도록 했습니다. 아마도 바꾸기보다는 버린 것이 더 많았을 것입니다. 그리고 더 중요한, '나'를 표현해 펜션 전체의 이미지까지 바꿔버렸습니다. 그 결과물이 바로 펜션 사장의 모습이었습니다.

2주 후에 펜션에 다시 찾아가니 2주 동안 수염을 자르지 않아 덥수룩하게 수염이 자란 아저씨가 개량 한복을 입고 저를 마중 나와 있었습니다. 산속에 있는 털보 아저씨가 되어 있었던 것입니다. 제가 원했던 바로 그 모습이었습니다. 더 산장처럼 하기 위해 지리산에 갈 수 없다면 어떤 방법으로든 현재보다 더 산장다운 모습으로 바꾸는 것이 해결 방법이었습니다.

이는 펜션의 이미지를 바꾸기 위해 과한 인테리어나 광고 투자가 아닌, 산장을 더욱 산장처럼 바꿔줄 수 있는 무언가를 만들기 위함이었습니다. 이것이 바로 이미지였고, 가장 큰 역할은 한 것은 바로 펜션 지기의 이미지였습니다.

이후 본격적인 A펜션의 이미지를 만들기 위한 작업이 시작되었습니다. 펜션 지기가 사투리와 함께 껄껄 웃으며 여행자들과 이야기하는 모습, 일을 하는 모습, 여행자들에게 산책 코스를 설명해주는 모습, 저녁 시간 바비큐를 해주면서 여행자들과 막걸리를 하는 모습 등을 사진과 동영상으로 찍어 인터넷에 퍼뜨리기 시작했습니다.

당시 A펜션의 모습은 외부 모습이 잠깐 노출되었을 뿐 산장이라는 느낌만 보여주고, 대부분은 펜션 지기의 모습만 노출되었습니다. 이제는 더 이상 산장의 수준은 중요하지 않았습니다. 그 후, 결과는 매우 성공적이었습니다.

이전에는 'A펜션'으로 전화 문의를 하는 사람들의 질문들을 보면 침대 사이즈나 주변 관광지 문의, 픽업 관련, MT 시 수용인원 관련 문의였지만, 이제는 상황이 완전히 달라지게 되었습니다.

"털보 아저씨, 인터넷에서 봤습니다."

"인상이 너무 좋으시네요."

"털보 아저씨, 빨리 만나보고 싶습니다."

이처럼 털보 아저씨에 관한 이야기 일색이었습니다.

즉, 이전까지 광고나 홍보를 통해 얻은 결과는 'A펜션', '산장형 A펜션', '통나무집 형태의 펜션'의 이미지였다면, 이후의 이미지는 '털보 아저씨네 펜션'이 되었습니다.

결과적으로, 펜션의 이미지보다 털보 아저씨의 이미지가 더욱 커져 버린 것이었습니다. 당연히 예약 전환율은 전보다 훨씬 올라갔습니다. 그리고 더 이상 유행에 따른 인테리어로 지출을 하는 횟수도 줄어들었습니다.

세월이 흘러 마케팅의 기술적인 부분들이 변화해도 그 본질은 변하지 않았습니다. 새로운 펜션에서도 이 방식으로 인기를 끌게 된 곳이 있습니다. 단양 '가고픈흙집'도 이와 거의 흡사한 방식으로 이미지 마케팅을 하게 되었고, 역시 좋은 결과로 이어졌습니다. 단양 가고픈흙집 펜션은 공중파 방송 3사에까지 출연하게 되었습니다.

이렇듯 펜션 하나만 갖고 영업 활동을 하는 것보다는 펜션을 더욱 돋보이도록 하는 이미지를 만들어 홍보 수단으로 사용하는 것이 더욱 효과적인 결과를 낳습니다. 시설 부분의 약점을 극복하고자 만든 매우 단적인 예라고 할 수 있습니다. 그만큼 이미지가 예약률에 큰 영향을 미치기 때문에 독자분들도 꼭 매력적인 이미지에 대해서 깊은 고민을 해보길 바랍니다.

10. 상업적이지 않은 블로그 프로필 작성법

프로필은 나를 간단히 표현할 수 있는 작은 공간입니다. 펜션명과 연락처는 꼭 기재되어야 하며, 나를 표현할 수 있는 글을 적어놓는 것이 좋습니다.

나를 표현할 수 있는 글이란, 더욱 인간적으로 보일 수 있는 문장을 말합니다.

'강원도 홍천 홍길동 스파 펜션', 이런 방식으로 프로필을 써놓으면 안 됩니다. 이를테면, 세 아이의 아빠, 취미에 관한 이야기 등을 적어 넣어 프로필 자리에 들어간 홍보 멘트를 희석시켜주는 것이 좋습니다.

> **프로필 예**
>
> 제주도 'ABC 펜션'을 3년째 운영 중입니다.
> 아름다운 경치가 있는 쉬기 좋은 곳이니 꼭 한번 놀러 오세요.
> 제 연락처는 010-0000-0000입니다.
> 제주 올레길 걷기를 좋아하며 펜션 앞바다에서 낚시를 자주 즐기는 중년의 남자입니다.
> 아내, 저, 두 아들과 함께 제주 생활 중입니다.^^

11. 저작권에 문제 되지 않는
수준 높은 사진 사용하는 방법

직접 촬영한 사진의 중요성

저작권의 중요성에 대한 인식이 많이 높아져 아무 사진이나 내 블로그나 그 외 SNS툴에 쓸 수는 없습니다. 그리고 남의 사진을 블로그나 카페 등에 올렸을 때 저작권 문제도 있지만, 네이버의 AI는 비슷한 사진을 찾아내고 원본이라고 판단되는 사진과 복사본을 구분해내기 때문에 사진은 될 수 있으면 한 번도 사용한 적 없는 직접 촬영한 사진을 사용하는 것이 가장 좋습니다. 하지만 블로그 글을 쓰다 보면 모든 사진을 직접 촬영해서 예시 사진으로 쓰지 못할 때가 많습니다. 그럴 때는 구글의 저작권이 없는 사진이나 저작권이 없는 무료 사진(동영상) 사이트에서 다운받아 사용할 수도 있습니다. 또는 미드저니에서 이미지를 생성할 수도 있습니다.

[저작권 없는 무료 사진]
- 픽사베이 https://pixabay.com/ko/
- 픽셀 https://pixabay.com/ko/
- 구글의 저작권 없는 이미지

하지만 픽사베이나 픽셀에서 무료로 다운받은 사진은 저작권에는 문제없지만, 검색 노출에는 불리해질 수 있습니다. 앞서도 설명했지만, 네이버 AI는 유사 문서와 사진으로 인식되면 노출에 불리해집니다. 그렇기에 부득이하게 다운받은 무료 사진을 사용해야 한다면, 그 사진을 그대로 사용하지 말고 화면 스크랩을 한 후 다시 저장해서 사용하는 것이

좋습니다. 이런 방법을 사용하면 사진이 가진 모든 정보가 바뀌어버리기 때문에 새로운 사진으로 인식할 수도 있기 때문입니다.

고화질의 사진

데이터 용량이 너무 작은 사진은 네이버 AI가 퀄리티가 떨어지는 사진으로 인식합니다. 그렇기 때문에 되도록 네이버에서 권장하는 '1024×768' 픽셀 이상의 사진을 사용하는 것이 좋습니다. 그리고 음란성이 문제가 될 만한 사진도 사용하지 않는 것이 좋습니다. 벗은 몸 사진뿐만이 아니라 AI가 걸러내지 못할 유사한 사진도 쓰지 않는 것이 좋습니다. 예전에는 사진에 살색이 많으면 AI가 음란한 사진이라고 판단했다는 이야기가 있었는데, 지금은 AI가 매우 똑똑해져서 모두 구분해냅니다. 오해를 살 만한 사진은 안 쓰는 것이 좋습니다.

저작권의 위험성은 강조해도 지나치지 않으니 좀 더 설명해보겠습니다. 일반적으로 저작권은 제작자의 고유 소유물이며 무단 사용을 할 경우, 손해배상에 따른 합의금을 요구할 수 있습니다. 사진, 글, 영상 등 모두 마찬가지입니다. 최근에는 저작권이 침해된 곳만 찾아서 이윤을 챙기고 있는 법률사무소까지 있을 정도입니다. 그러니 내 블로그나 카페 등에 사진을 올릴 때는 될 수 있으면 직접 촬영한 내 사진을 사용해야 하며, 부득이하게 다른 사람의 사진을 사용할 경우에는 저작권에 걸리지 않는 사진을 이용해야 합니다.

12. 펜션 홍보용 블로그에 담아야 할 주제 정하는 법

블로그는 여러 형태의 블로그가 있습니다.

- 일상을 담는 블로그
- IT 제품에 관한 블로그
- 사진에 관한 블로그
- 음악에 관한 블로그
- 여행에 관한 블로그
- 음식에 관한 블로그
- 카페에 관한 블로그

이러한 여러 가지 주제를 테마로 블로그를 꾸며나갈 수 있습니다. 글의 주제는 어떤 것을 담아도 상관없지만, 미래의 고객을 확보하려면 여행에 관한 주제로 블로그를 운영해가는 것이 가장 좋습니다.

소비자가 여행지를 결정하고 숙소를 예약하는 패턴을 보면 어떤 식으로 블로그를 꾸며가야 할지 더 쉽게 알 수 있습니다. 소비자는 먼저 어디로 여행을 떠날지를 결정한 다음, 그 주변에 어떤 여행지들이 있는지를 인터넷을 통해서 확인합니다. 소비자가 여행지를 검색하고 확인할 때마다 내가 운영하는 펜션이 노출된다면 소비자들의 머릿속에 쉽게 각인될 수 있습니다. 그리고 블로그에서 소개한 여행지가 신뢰할 수 있고 좋은 정보라면, 소비자는 펜션 운영자와 펜션을 더욱 신뢰하게 됩니다.

펜션을 홍보하기 위해 사용하는 블로그라고 해도 펜션 홍보만 열심히 소개한다면 아무도 관심을 갖지 않는 블로그가 됩니다. 그래서 펜션 홍보용 블로그에는 여행 이야기 80%, 그리고 펜션 소식 20% 정도의 비율로 글을 소개하는 것이 좋습니다. 이는 인스타그램 홍보를 할 때도 마찬가지입니다.

내 펜션을 소개하는 비율이 전체의 20%라면 너무 적은 수가 아닌가 할 수도 있겠지만, 여행지를 소개하는 블로그 글 안에 은근히 내 펜션을 노출할 수 있기 때문에 20%에 해당하는 비율은 절대 낮지 않습니다. 먼저 블로그에 '내 펜션을 광고한다'라는 이미지보다는 '이 지역의 여행지를 소개한다'라는 이미지를 소비자들에게 심어주는 것이 중요합니다.

그럼 여행 블로그를 어떻게 운영하고 이미지를 만들어야 할지 소개해보겠습니다.

내 펜션 블로그를 운영하는 '글쓴이'는 운영하는 펜션 지역의 여행 전문가가 되어야 합니다. 제주도에서 펜션을 운영한다면 제주도 여행 전문가가 되어야 하고, 가평에서 펜션을 운영한다면 경기도 여행 전문가가 되어야 합니다.

그럼 어떤 글을 블로그에 써야 할까요?

• 주변 여행지, 유적, 관광지를 소개한다.
• 펜션 주변 또는 그 지역의 카페 또는 맛집을 소개한다.

- 나만 알고 있는 특별한 여행지를 소개한다.
- 주변 여행지에서 체험할 수 있는 것들을 소개한다.
- 내 펜션을 중심으로 한 여행 코스를 소개한다(또는 지역 내 추천지 Top 5, 현지인이 소개하는 맛집 10곳).
- 주변 지인들의 이야기를 소개한다(슈퍼마켓 할머니, 편의점 아르바이트, 동네 중국요리 식당 사장 등).
- 펜션의 새로운 소식
- 펜션의 외관
- 펜션의 내부
- 펜션의 부대시설
- 펜션의 특별함
- 펜션의 소품
- 펜션에 여행 온 여행자들의 이야기, 그리고 사진
- 나의 취미 이야기 등

이러한 내용을 적절히 계획을 갖고 올리면 블로그 방문자 수를 늘려갈 수 있습니다. 대부분의 경우, 여행 코스 글에 가장 많은 검색과 조회수가 나옵니다. 여행을 많이 한 사람들은 소개된 좋은 여행지의 여행코스를 짜서 직접 여행하겠지만, 대부분의 여행자는 검색을 통해 얻은 정보가 좋은 정보라고 판단하면, 그대로 일정을 만들어서 여행을 하는 경우가 많습니다. 이러한 방법으로 효과를 본 펜션이 여럿 있습니다. 같은 지역이라도 여행 코스는 여러 가지 경우의 수가 나오기 때문에 가장 많이 만들 수 있는 콘텐츠가 됩니다.

지금부터 펜션 주변에 카테고리로 묶어 소개할 곳들이 있는지 정리해보세요.

13. 주변 여행지의 랭킹, 여행 코스로 주목받는 법

나의 펜션을 직간접적으로 소개하고 고객을 끌어오기 위한 글쓰기!
바로 여행 코스입니다. 이 방법은 나의 펜션에 투숙할 확률이 높은 가
수요 고객에게 보여주기 위한 글이 되어야 하며, 노출하는 글, 사진이
어떤 목적을 가졌는지 정확히 알고 써야 합니다.

여행을 준비하는 사람들은 먼저 자신이 가고 싶은 여행지를 검색창
에 검색해봅니다. 그리고 그 결과를 통해 자신의 여행 코스를 짜게 됩
니다. 좀 더 좋은 여행 정보를 찾아보려고 검색을 한 것인데, 어느 곳을
검색해봐도 비슷비슷한 정보들만 나열되었다면 소비자들에게 어필할
수가 없을 것입니다. 바로 이 부분을 파고드는 것입니다.

대부분의 펜션 블로그 또는 여행 블로그, 펜션 홈페이지를 보면 거의
비슷한 방법으로 자신의 인터넷 공간 안에 노출을 하고 있습니다.

예를 들어, 가평의 펜션 홈페이지 또는 블로그가 있다고 가정합니다.
그런데 그 웹사이트 글을 보면 '가평 여행지에 대한 소개'가 간략하게
나열된 형태로만 되어 있습니다. 남이섬 정보, 아침고요수목원 정보, 청
평 드라이브 코스 정보, 연인산 정보 등, 어느 홈페이지나 블로그를 보
더라도 비슷비슷합니다.

여행자들의 니즈(needs)는 수도 없이 많은데, 대부분 펜션이 보여주

고 있는 주변 여행지 정보는 너무나도 일괄적이라는 것입니다. 제가 보기에 펜션 사업은 굉장히 어렵고 힘든 경쟁을 해야 하는 사업인데, 대부분 사업자는 마치 대충대충 남들 하는 만큼만 보여주는 것 같아서 매우 안타깝기도 합니다. 그동안 이 방법을 몰랐다면 꼭 실행해보길 바랍니다.

〈여행자의 니즈(Needs)〉
- 산행이 주가 되는 여행자
- 맛집 투어가 주가 되는 여행자
- 연인과 함께 갈 예쁜 코스만 찾는 여행자
- 가족들이 함께 즐길 수 있는 여행 코스를 찾는 여행자
- 기업연수, 워크숍 등의 모임 장소를 찾는 여행자

이와 같은 것들이 있습니다.

다양한 소비자들의 니즈가 존재하는데, 보편적인 여행 정보만 보여주고 남들과 똑같이 키워드 광고를 한다면 과연 어떤 결과를 얻을 수 있을까요? 예상치 못한 결과가 아닌, 예상할 수 있는 결과치만 얻을 수 있습니다.

수천만 원에서 수억 원에 달하는 인테리어를 몇 년에 한 번씩 바꾸는 것이 효과적일까요? 홈페이지를 2~3년에 한 번씩 바꿔주는 것이 효과적일까요?

안타깝게도 인테리어, 홈페이지 변경은 누구나 쉽게 실행하고 있는

비즈니스 전략입니다. 물론 펜션의 고급스러운 인테리어는 좋은 홍보 재료가 될 수 있지만, 대박 펜션들을 보면 꼭 시설이 화려하다고 해서 영업이 잘되는 것은 아닙니다.

펜션의 인테리어 수준을 떠나서 '어떻게 하면 소비자가 나의 펜션으로 놀러 와야 하는 이유'를 만들 수 있을까? 이 방법에는 여러 가지가 있지만, 가장 빠른 방법은 바로 '내 펜션을 중심으로 한 여행 코스 만들기'입니다.

예를 들어, 경기도 가평에는 수많은 펜션이 존재하지만 커플 펜션, 가족형 펜션, 단체 펜션 등 투숙객 규모와 인테리어의 특성이 다르기에 여행 코스는 각각 다르게 만들 수 있습니다. 가족이 여행하기 좋은 코스가 있고, 커플 여행자들이 선호하는 여행 코스가 있습니다. 그러므로 여행 코스도 나의 펜션을 선호하는 여행자 성향에 따라 짜는 것이 중요합니다.

예를 들어, 알록달록한 객실 분위기와 스파나 풀이 있는 펜션을 가장 많이 찾아보는 사람들은 커플 여행자들입니다. 그런 커플 여행자들은 역시 연인과 함께 즐길 수 있는 데이트 코스 위주의 여행지를 많이 검색해볼 것입니다. 소비자들이 자신들의 목적에 맞는 예쁜 여행지를 검색하던 중 펜션이 함께 보이도록 노출하는 것입니다.

또 다른 예로 가족 여행으로 많이 찾는 펜션일 경우, 아이들의 체험 거리, 가족들이 안전하게 여행할 수 있는 곳 등이 내 펜션에 어울리는 여행 코스가 될 수 있습니다. 그리고 여행 코스를 짤 때는 보편적인 여행 코스가 아닌 내 펜션을 중심으로 한 동선을 짜야 합니다.

〈ABC 펜션 인근의 연인들을 위한 여행 코스(예쁜 데이트 코스 위주)〉

펜션 도착 – 주변 호수 산책 – 청평 드라이브 코스 – 멋진 카페에서 차 한잔
– 저녁 펜션 바비큐 – 취침 – 퇴실 후 – 맛집 – 쁘띠프랑스 방문

이런 여행 코스는 가평의 설악면, 청평 부근의 펜션이 올릴 수 있는
여행 코스가 됩니다.

〈아이들과 함께 여행하기 좋은 1박 2일 여행 코스!(체험 여행 위주)〉

남이섬 – 거북이 체험관 – 펜션 도착 – 계곡 즐기기 – 펜션 바비큐 – 취침 –
퇴실 – 강촌의 맛집 – 서울 방향의 사계절 썰매장

이 일정은 춘천과 가평 경계 정도에서 펜션을 운영하는 경우, 만들
수 있는 일정이 될 것입니다. 즉, 펜션의 수준을 떠나서 '이 펜션에 가
게 되면 이곳을 중심으로 이런 여행을 할 수 있구나'라는 생각을 소비
자들이 갖도록 하는 것입니다. 소비자가 내 펜션에 와야 하는 이유가
하나 더 생긴 것입니다.

같은 가평 여행이라도 남이섬 쪽을 여행하는 사람들이 있을 테고, 아
침고요수목원을 여행하는 사람도 있을 것입니다. 또는 가평과 춘천을
함께 여행하고 싶어 하는 사람도 있습니다. 그러니 여행 코스에 대한
정보를 우리가 먼저 제공해주지 않는다면, 여행자는 오로지 펜션의 수
준만을 체크하고 펜션을 예약해서 스스로 여행 일정을 짜게 됩니다. 그
러므로 펜션 수준만으로 예약하기 전에 내 펜션에 와야 하는 이유를 여
행 코스를 이용해서 설명해야 합니다. 여행 코스란 일괄적이 될 수 없

습니다. 꼭 내 펜션에서 시작해야만 만들어질 수 있는 여행 동선은 분명히 존재합니다. 그런 내용을 적어서 인터넷에 올려야 합니다.

펜션 여행의 대부분이 1박 2일이기 때문에 가장 많이 올려야 하는 코스는 1박 2일 여행 코스가 되어야 하고, 2박 3일 코스도 만들어놓아야 합니다. 물론 그 이후 내 블로그와 인스타그램, 유튜브, 홈페이지 등에 올려놓아야 합니다.

여기서 적극적인 홍보 방법을 하나 더 소개해보겠습니다. 저는 과거에 태안의 대형 펜션과 양양의 펜션을 운영했었습니다. 당시 저는 앞에서 설명한 여행 코스를 만들어서 인터넷에 올렸습니다. 그리고 그 여행 코스에 소개된 체험관, 식당 등과 제휴해 투숙객들에게 좀 더 혜택이 될 수 있도록 업체와 계약을 맺어놓았습니다. 식당의 경우에는 간접적인 홍보를 해주는 조건으로 메뉴에 없는 아침 해장국을 펜션 투숙객에게 매우 저렴한 비용으로 제공할 수 있도록 했습니다. 제 투숙객들은 이 상품을 정말 너무나도 좋아했습니다.

소비자 입장에서 보면 여러 여행 코스를 한 번에 소개받아서 좋고, 또 직접 찾는 것보다 더 좋은 혜택을 받을 수 있기 때문에 제 펜션에 올 이유가 더 생긴 것입니다. 당시 펜션 홍보를 위해 여러 글을 썼는데, 그중 최고 인기를 끌던 블로그 글은 '태안 여행을 하며 10만 원 아끼는 방법'이라는 제목의 글이었습니다. 펜션 주변에 식당과 카페, 그리고 엑티비티 스포츠업체 3~4곳과 제휴했는데, 4인 기준 한 가족이 여행 코스로 움직이면 10만 원 가까운 할인 혜택을 받게 되는 것입니다.

앞에서 소개한 여행 코스도 추천하지만, 만약 이와 같은 내용을 인스타그램에 소개한다면 랭킹으로 만들어서 소개하는 것이 좋습니다.

예를 들어, 인스타그램 릴스 영상으로 제작해 '여수 맛집 TOP 5' 이런 방식으로 작성하면 클릭률이 매우 높아집니다.

14. 클릭하고 싶은 제목 만드는 법

이 장에서 소개하는 제목들은 블로그뿐만이 아니라 카페, 인스타그램의 릴스 제목 등에도 똑같이 적용할 수 있습니다.

블로그 제목은 검색창에 검색을 원하는 단어를 입력했을 때 검색한 단어를 중심으로 결과물을 보여줍니다. 그래서인지 블로그 노출 방법을 어설프게 알고 있는 사람들은 자신의 블로그의 조회 수를 높이기 위해서 중요 키워드를 심할 정도로 집어넣어 제목을 만드는 경우가 많이 있습니다.

〈안 좋은 예〉

가평 펜션, 가평 펜션, 추천 펜션, 홍길동 펜션으로 놀러 오세요.

위 예는 네이버 상단에 노출될 가능성을 높이려고 작성된 문장이지만, 실제로 이런 문장은 클릭하기에는 별로 구미가 당기지 않는 제목입니다. 그리고 이런 무의미한 단어로 열거된 문장은 네이버 검색에서 오히려 뒤로 밀리게 되고, 이런 식의 제목이 반복되게 되면 저품질 블로그가 될 가능성도 있습니다.

하루에도 수많은 블로그 글들이 인터넷에 올라오고 있습니다. 그 많은 글 중에서 내가 쓴 글이 클릭될 가능성은 그리 크지 않습니다. 하지만 조금만 신경 쓰면 내 글이 클릭될 확률을 매우 높일 수 있습니다.

〈블로그 글 제목의 안 좋은 예와 좋은 예〉
① 남해 펜션 ABC의 외부 모습
② 남해 펜션 ABC를 커플들이 선호하는 이유는 이것 때문!

앞의 ①과 ② 중 어떤 제목을 클릭하고 싶은가요? ②를 선택하셨을 거라고 생각합니다.

①의 경우, 제목만 봐도 글 안에 어떤 내용이 있을지 짐작이 갑니다. 제목만으로는 ①의 제목 글의 내용이 전혀 궁금하지 않습니다. 반면, ②의 경우 제목을 읽는 이들에게 더욱 궁금증을 유발할 수 있는 문장입니다.

이처럼 제목은 궁금증을 유발하는 제목이어야 합니다. 이해를 돕기 위해서 몇 가지 예를 더 들어보겠습니다.

〈추천하는 블로그 글 제목의 예 1〉
• 안면도 여행을 하기 좋은 시기는?
• 데이트 코스로 인기 있는 베스트 여행지 Top 10
• 밸런타인데이, 여자 친구가 가장 받고 싶은 선물은?

- 여름 휴가 때 가장 민망한 패션은?
- 가을 여행 바다가 좋을까? 산이 좋을까? 내 결정은 여기!

위의 예문은 여행 관련에 글을 쓰기 위해서 만든 제목입니다. 이 외에 클릭률을 높이는 제목 쓰기는 무궁무진합니다.

노하우를 소개하며 클릭률을 높이는 방법도 있습니다. 문장은 '○○○ 방법'으로 끝내는 것이 좋습니다.

〈추천하는 블로그 글 제목의 예 2〉

- 여름 휴가를 가장 싸게 즐기는 방법
- 가평 여행을 하루 만에 다 즐기는 방법
- 가족 여행을 안전하게 다녀오는 방법

그리고 수치를 나타내는 제목을 사용하는 것도 매우 좋습니다.

〈추천하는 블로그 글 제목의 예 3〉

- 계곡 여행에 필요한 10가지
- 10만 원으로 커플 여행을 해결하는 방법
- 50명이 야유회를 즐기며 먹을 수 있는 바비큐 재료는?

이제 조금 감이 잡히나요? 간혹 블로그 제목들을 보면 남해 펜션, 가평 펜션, 안면도 펜션 등 노출되는 키워드에만 집중해서 제목을 쓰는 경우가 있는데, 이는 노출이 될 뿐 클릭률까지 염두에 둔 제목이 아닙니다.

또 다른 노하우를 살펴보겠습니다. 먼저 A와 B의 블로그 제목 예시를 들어보겠습니다.

- A 제목 : 가족 여행지로 추천하는 펜션
- B 제목 : 가족 여행, 이것만 알면 여행 경비를 낮춘다!

위 두 문장은 다 '가족 여행'의 단어를 노출하고자 한 블로그 제목입니다. 위 두 문장이 블로그 상단에 같이 노출되어 있을 때 어떤 제목이 더 클릭률이 높을까요? 당연히 호기심을 유발한 B 제목일 것입니다.

특별한 기념일은 이슈 키워드로 검색이 많이 됩니다. 이슈를 예로 제목을 만들어보겠습니다.

- 크리스마스에 데이트하기 좋은 곳
- 송년회 장소로 이곳을 적극 추천~!
- 새해 일출을 보기 좋은 곳 베스트 3
- 설 연휴, 집에서 TV만 보지 말고 여행을 떠나자~!

궁금증을 유발하는 제목으로 만들 수도 있습니다.

- 제주도 현지인만 아는 맛집 소개
- 커플들이 선호하는 여행 코스는 이것이 있다?

- 단양 최고라고 하는 절경은 바로 이곳!
- 기념일 여행에 꼭 필요한 3가지
- 불편하지만 이것 때문에 인기를 얻은 ○○ 펜션
- 프러포즈를 펜션에서 하려면 이것부터 준비하자!
- 효도 관광, 이곳만큼 좋은 곳이 또 있을까?

이 외에도 펜션과 접목해서 얼마든지 궁금증을 유발하는 제목을 만들어 넣을 수 있습니다.

제목만 봐도 고개를 끄덕일 수 있는, 누구나 공감을 할 수 있는 제목으로 관심을 유발하는 방법도 있습니다.

- 가족 여행 쉽게 떠나기! 아이 하나와 둘의 차이가 이 정도일 줄이야
- 서울에서 부산까지 여행할 때 가장 힘든 건 역시 장거리 운전
- 왜 여자들과 여행할 때 그렇게 휴게소를 자주 들르는 걸까?
- 효도를 하기 위해 부모님과 함께 여행을…

방법론적인 제목으로 만드는 방법도 있습니다.

- 서울에서 제주도까지 가장 빠르게 여행하는 방법
- 펜션 여행에 필요한 바비큐 재료를 구입하는 방법
- 크리스마스를 가장 멋지게 보내는 방법
- 바비큐를 맛있게 굽는 방법
- 비어캔치킨을 만드는 방법

- 태안 여행지를 하루에 돌아보는 방법

내가 알고 있는 지식이 있다면, 이런 식으로 '방법을 소개하는 제목'은 얼마든지 만들 수 있습니다.

상반되는 제목으로 비교 대상을 제목으로 만드는 방법은 가수요 고객이 A와 B를 비교할 게 뻔하게 보이는 것을 제목으로 만들면 좋습니다.

- 여름 휴가, 바다가 좋을까? 산이 좋을까?
- 스키장 어디로 갈까? 강원도 VS 경기도
- 커플 펜션은 역시 스파 펜션 VS 커플 펜션은 역시 조용한 전원 펜션
- 가족 여행은 콘도? VS 펜션?

많은 정보를 담은 블로그 글로 포장한 제목을 만드는 방법도 있습니다.

- 커플 펜션 ○○ 펜션이 좋은 5가지 이유
- 커플 여행자들이 가평을 찾는 10가지 이유
- 대중교통으로 강원도 ○○을 여행하면 좋은 5가지 이유
- 가족 여행자들이 알아야 할 아이들 안전 10계명
- 결혼기념일 선물! 여행이 좋은 3가지 이유

돈에 관련된 제목은 항상 클릭률이 높습니다. 많은 사람들이 가장 민감하고 관심이 있는 부분은 역시 돈일 것입니다. 돈에 관련된 키워드는 시즌에 상관없이 항상 높은 검색률을 보입니다.

- 2만 원으로 만들 수 있는 푸짐한 바비큐 식사
- ○○펜션, 남들보다 3만 원 할인받는 방법
- 2만 원으로 서울에서 가평까지 하루 여행하는 방법
- 가족 여행, 10만 원으로 해결하기

개인적인 경험을 유명 관광지의 키워드를 끌어들여 비교하며 제목으로 만드는 방법입니다.

- 아침고요수목원이 좋다고? 나는 여기가 100배는 더 좋다!
- 남이섬은 커플만 가나? 가족 여행으로 가서 이런 점이 더 좋았다!
- 단양팔경 중 개인적으로 좋았던 것은 바로 이곳!
- 제주도의 올레길 중에 내가 최고로 꼽은 코스 3곳!

이 외에도 관심을 유발할 수 있는 수많은 제목을 만들 수 있습니다.

모든 제목은 서술형이 되면 불리합니다. 제목을 만들 때 이야기할 내용을 먼저 적고, 그 제목을 살짝만 비틀어서 관심을 끌 수 있도록 하는 것이 중요합니다.

15. 시리즈형 기획 기사로 만들어 체류 시간을 늘리는 법

블로그 체류 시간과 페이지뷰를 늘리면 네이버 AI는 해당 블로그를 더 중요한 블로그라고 인지하고 지수를 높입니다. 그럼 체류 시간을 늘리는 기획 기사를 어떻게 만들지 소개해보겠습니다.

가장 간단한 방법은 주변 여행지를 묶는 방법입니다.

검색을 통해 들어온 대부분 사람들은 자신이 필요한 내용만 읽어보고 나갑니다. 하지만 비슷한 내용을 발견했다면, 바로 나가지 않고 머물면서 다음 글을 읽게 됩니다. 그러니 글을 만들 때는 기획 기사로 써넣어 다음 글이 있다는 것을 확인시켜주는 것이 좋습니다.

이렇게 기획 기사를 쓴 블로그 제목의 예시로는 다음과 같은 것들이 있습니다.

- (제주도 여행) 비 오는 날 여행하기 좋은 곳 1편
- (제주도 여행) 비 오는 날 여행하기 좋은 곳 2편
- (제주도 여행) 비 오는 날 여행하기 좋은 곳 3편

- 1박 2일 여행 코스 1편
- 1박 2일 여행 코스 2편
- 1박 2일 여행 코스 3편(마지막 편)
- (단양 여행 총정리) 단양 여행지 베스트 5
- (단양 여행 총정리) 단양 여행지 베스트 4

- 제주도 맛집 국밥 편
- 제주도 맛집 카페 편
- 제주도 맛집 고기구이 편

이렇게 글을 기획 기사로 쓰면 됩니다. 그리고 글의 마지막에는 지금

까지 써왔던 기획 기사들을 링크로 나열하면 됩니다. 미리 작성했던 관련 글들을 묶어 링크를 걸어두는 것입니다.

16. 소비자를 홈페이지로 유입하게 하는
랜딩 페이지 작성법

블로그나 카페, 인스타그램, 페이스북에는 나의 예상 고객들이 관심을 가질 만한 글이나 사진을 담는 것이 우선입니다. 그리고 블로그에서 고객을 잘 설득했다면, 고객이 나의 상품을 확인할 수 있도록 링크를 걸어 홈페이지로 이동하도록 합니다. 그 링크를 타고 마지막으로 도착한 페이지를 '랜딩 페이지'라고 합니다.

다시 말해, 고객들이 나의 제품 또는 서비스를 구입할 수 있는 최종 목적지 페이지를 랜딩 페이지라고 합니다. 보통 랜딩 페이지는 글의 중간이나 마지막에 더 추가 정보가 있는 것처럼 마지막 멘트를 써넣는 것이 가장 보편적입니다.

다음 2가지 방법을 알아보겠습니다.

예시 1)

글 잘 보셨나요? 제가 위에 소개했던 펜션의 홈페이지 주소는 여기입니다. www.○○○.com

위에 설명한 방법대로 여행을 하시려면 홈페이지에 찾아오세요.

- **추가 설명을 소개한 예 : (홈페이지에 여행 코스를 미리 적어놓는다)**

위에서 소개한 1박 2일 여행 코스 외에 2박 3일 여행 코스를 보시려면 저희 홈페이지에 찾아와주세요. 상세한 일정과 제가 직접 확인한 코스들 위주로 적어봤습니다.

www.○○○.com/○○○/○○○ ○○○ 펜션 지기

- **이벤트로 랜딩 페이지를 만든 예: (사소하고 작은 이벤트라도 홈페이지에 올려놓고 블로그로부터 소비자를 끌어온다)**

막걸리 이벤트~! 저희 고장에서 나는 막걸리 맛을 보셨나요? 다 같은 술이 아니더라고요.

막걸리를 소개하자면 이렇습니다. (중략)

작은 이벤트이지만 재미로 한번 시작해봤고요. 아시다시피 저희 펜션에서는 매월 이렇게 이벤트를 하고 있습니다. 위 막걸리 이벤트에 참여하면 100% 당첨인 거 아시죠? 자세한 신청은 블로그 댓글이나 홈페이지에서 해주세요.

www.○○○.com ○○○펜션 지기

이렇게 기본적인 3가지의 랜딩 페이지로 가도록 하는 설명 문구를 정리해봤습니다.

물론 블로그의 콘텐츠에 따라 랜딩 페이지에 관심을 가지도록 하는 문구는 무궁무진하게 많습니다.

예시 2) 글 중간에 랜딩 페이지 URL 넣기

말 그대로 블로그 글을 쓰다가 해당 정보에 관련된 홈페이지 주소를 써넣어 연결하는 방법입니다.

> 제가 운영하는 펜션은 ○○해변에 위치해 있어서 여름철 휴가를 즐기기 너무나도 좋은 곳이죠. 해변과 펜션과의 거리는 ○○미터이며, 즐길 거리도 다양하게 있습니다. 저희 홈페이지를 보면 즐길 거리를 정리해놓은 페이지가 있으니 확인해보세요. www.○○○.com
> 그리고 그 외에 장점이라 하면 역시 펜션에서 바라보는 경치입니다. (중략)

이렇게 글의 중간에 써넣는 것인데, 홈페이지 주소를 적을 때는 굵은 색으로 표시하거나 색을 바꿔서 눈에 띄게 하는 것이 중요합니다.

이처럼 링크를 걸어두는 방식은 네이버 체류 시간을 다른 페이지로 이동시키는 결과를 만들기 때문에 한때 '본문에 백링크를 거는 것은 네이버 지수에 좋지 않다'라고 인식하던 시절도 있었습니다. 하지만 본문의 내용에 도움이 되거나 글을 더 풍부하게 해줄 수 있는 백링크라면 큰 문제가 되지 않습니다. 다만 같은 링크를 너무 남발하는 것은 좋지 않으니 모든 글에 백링크를 걸기보다는 꼭 필요한 글에 백링크를 걸고, 홈페이지로 전환되지 않는 링크가 없는 본문은 은은한 방식으로 펜션을 알리는 것이 좋습니다. 최근에는 쿠팡 파트너스 링크를 걸어 수익을 올리는 사람들도 많아졌는데, 네이버에서는 쿠팡 파트너스 링크를 많이 사용하면 저품질 블로그로 인식하니 이 점, 유의하길 바랍니다.

본문에 끝없이 홈페이지로 가는 백링크를 걸어두면 소비자들에게 홈페이지를 집중적으로 노출시킬 수는 있겠지만, 신뢰라는 큰 무기를 잃을 수도 있습니다. 그래서 링크를 걸 때는 홈페이지나 네이버 카페, 페이스북, 인스타그램과 같은 곳에 정보를 나누어서 작성한 후 링크를 거는 방식을 사용합니다. 다시 말하자면 너무 노골적으로 영업하는 것처럼 보이지 않도록 하는 것이 좋습니다.

급한 마음으로 소비자들에게 다가가면 소비자는 거부감을 가지게 됩니다. 천천히 나를 먼저 표현하고 내가 가진 정보를 진심을 담아 소개해보길 바랍니다.

17. 적극적으로 구애를 할 때는 점잔 떨지 말자

오랜 시간 블로그에 좋은 정보를 지속적으로 올려 충성도 높은 독자들이 생겼다면, 이익이 따라야 합니다. 하지만 많은 분들이 운영하는 펜션 블로그를 보면, 블로그 글 아래에 본인들이 운영하는 펜션 홈페이지의 링크 하나 걸어놓는 것으로 '홍보가 되겠지…' 하는 안일한 생각을 가지고 있는 듯합니다.

하지만 고객은 생각만큼 우리 상품에 관심이 없습니다. 작은 글자로 링크 하나 걸려 있다고 그것을 클릭해서 보지는 않습니다. 물론 클릭해서 들어올 수도 있지만, 그 수는 많지 않습니다. 그러니 가끔은 고객의 상품 구입을 유도하는 적극적인 구애 활동도 필요합니다.

이를테면, 관광지에 가서 삐끼들에게 붙들려봤던 경험이 있는 분들은 잘 알 것입니다. 식사를 하려고 식당들이 몰려 있는 길에 들어서니 식당의 삐끼들이 나와서 손짓을 하고 앞길을 가로막으면서 자기네 식당이 왜 좋은지 최대한 애처로운 눈빛과 손짓으로 들어오라고 합니다.

블로그 글을 통해 손님들을 잡아끌어 올 수는 없지만, 가끔은 이런 적극적인 글을 만들 필요도 있습니다(단, 블로그 인지도를 올린 후에 해야 합니다).

이를테면 네이버 리뷰가 좋은 펜션이라면, 네이버 리뷰를 스크랩해서 고객들이 우리 펜션을 얼마나 좋아하는지 적극적으로 알릴 필요가 있습니다. 네이버 리뷰 외에도 구글 리뷰, 인스타그램에서 펜션 이름을 검색한 후 얼마나 많은 해시태그로 내 펜션이 등록되었는지 등을 스크랩해서 좋은 펜션임을 알려야 합니다. 이런 활동이 참 구차하다고 생각할 수도 있습니다. 하지만 이렇게까지 해야 고객은 아주 조금 독자의 펜션을 인지하고 관심을 가지게 될 것입니다.

Chapter

06

가장 현실적인
네이버 카페 광고 노하우

　규모가 작은 사업장에서 전통적인 방식으로 네이버 카페 마케팅을 한다는 것은 현실적으로 거의 불가능합니다.

　네이버 카페를 하나 키우기 위해서는 개인 블로그를 관리하는 것보다 몇 배는 더 큰 노력이 필요하기 때문입니다. 그렇다고 네이버 검색 결과의 중요한 위치에 노출되는 네이버 카페에 홍보하는 것을 포기해야 할까요? 그렇게 둘 수는 없습니다. 네이버 카페도 조금만 노력하면 큰 힘을 들이지 않고, 나의 홍보 공간으로 활용할 수 있습니다. 방법은 앞서 설명했던 블로거 체험단 이벤트와 크게 다르지 않습니다.

　블로거들을 상대해본 사람들이라면 알겠지만, 그들은 예전에 비해서 더욱 까다로워졌고 돈을 요구하는 경우도 많아졌습니다. 내 상품에 대한 서비스를 무료로 제공하고 사실적인 후기를 적어주는 것 이상의 대가, 즉 원고료라는 명목으로 요구하는 경우가 많아졌습니다. 하지만 카페 마케팅을 위해서 체험단 이벤트 기회를 영향력 있는 블로거들에게만 줄 필요는 없습니다. 카페나 블로그 등에 글을 쓸 수 있을 정도의 인터넷 활용 능력을 갖춘 사람들이라면 누구나 내 펜션의 체험단 이벤트에 참여시킬 수 있습니다.

　방법은 다음과 같습니다.

　네이버 카페는 회원 수와 방문자 수, 양질의 콘텐츠 등록 등에 따라 지수가 결정됩니다. 그렇기에 '내 펜션'의 글을 업데이트할 좋은 카페를 찾은 후 해당 카페에 후기를 올리는 방식으로 하면, 쉽게 카페에 홍보할 수 있게 됩니다.

1. 네이버 카페 마케팅 진행 방법

　먼저, 내 펜션의 후기를 올릴 카페를 찾는 기준은 카페 활동 점수와 카페 랭킹, 가입자 수 등으로 결정할 수도 있는데, 가장 간단한 방법은 네이버 검색창에 '내 펜션과 연관된 단어'를 검색해서 카페 순위를 확인해보는 것입니다. 그리고 카페 게시 글 옆에 써 있는 조회 수를 확인해봅니다. 회원수만 많은 카페를 구입해서 카페명과 성격을 바꿔 운영되는 곳들이 많기 때문입니다. 그러한 카페는 회원수는 많지만 회원 활동이 활발하지 않으니 게시물당 조회 수가 매우 낮습니다.

[태안 펜션 검색 후 카페 부분에 노출된 결과]
　'태안 펜션', '태안 여행'처럼 '지역명 + 펜션' 또는 '지역명 + 여행'을 검색해서 네이버 카페 부분 첫 페이지에 있는 카페들을 먼저 확인해봅니다(모바일 검색 결과는 다르게 노출됩니다).

펜션에 대한 글을 올리겠다고 꼭 펜션 관련 카페만 이용할 필요는 없습니다. 여행 카페가 아니어도 상관없이 작업이 가능합니다. 예를 들어, 지역 커뮤니티 카페나 자동차 동호회 카페 등 대부분의 카페에는 국내 여행이나 맛집 관련 글을 업데이트할 수 있는 게시판이 있으니 지나치게 상업적인 글이 아니라면 등록이 가능합니다.

둘째, 좋은 네이버 카페를 찾았다면 직접 카페에 글을 등록해봅니다. 해당 카페에 글을 등록하는 데 회원 등급이나 방문 횟수 등의 조건이 있는지를 먼저 파악해야 합니다. 그래야만 체험단 후기를 등록하는 당첨자가 글을 쓰기 편하도록 카페의 글 등록 기준 등을 설명해줄 수가 있습니다.

셋째, 카페 후기 체험단에 참여할 사람들을 모집합니다.
영향력이 큰 블로거가 아니어도 누구나 참여할 수 있기 때문에 펜션에 찾아온 손님들에게 참여 의사를 묻거나 내 블로그나 인스타그램 등 SNS 등에 공지해 모집을 할 수도 있습니다. 가장 직접적이고 효과적인 방법은 해당 카페에서 활동하고 있는 회원에게 쪽지를 보내 이벤트 참여를 권하는 방법입니다. 해당 카페에 오래전에 가입되었고, 오랫동안 활동을 한 회원이라면 노출이 잘될 확률이 높기 때문입니다.

좀 더 디테일하게 노출이 잘되는 글을 쓴 카페 회원을 찾는 방법도 있습니다. 이전에 회원이 쓴 글의 제목 중 중요 키워드를 검색한 후 얼마나 잘 노출되는지를 파악해볼 수 있습니다. 간혹, 페널티를 받은 아이디의 경우 노출이 잘 안 되는 경우가 있기 때문입니다. 카페 회원 아이디에도 영향력에 해당하는 점수가 존재한다고 생각하면 됩니다. 당연히 네이버에서 열심히 활동한 아이디가 좋습니다.

넷째, 이벤트 체험자에게 펜션 측에서 미리 파악한 네이버 카페명과 글의 등록 조건을 제시하고 글을 쓰도록 합니다(이와 같은 가게의 체험 기회가 적은 사람들일수록 참여도가 더 높습니다).

다섯째, 조건에 맞도록 글을 쓰도록 한 후에 등록된 글의 URL 주소를 확인받고 마무리합니다.

이러한 원리를 알고 있다면 분명히 꼼수도 생각해볼 수 있습니다. 이 모든 일련의 과정이 귀찮다면 직접 카페에 가입해서 글을 작성하면 됩니다.

하지만 조금 긴 시간이 필요합니다. 만약 창업을 준비하는 사람이라면 미리 여러 개의 네이버 아이디를 확보해놓습니다. 그리고 노출이 잘되는 영향력 있는 카페도 미리 찾아 자주 카페에 들어가서 글을 작성하고 댓글도 남기고 활동을 합니다. 긴 시간에 걸쳐 카페 활동을 하게 되면 카페 내에서 아이디 지수가 높아져서 해당 카페에 글을 쓴 후 네이버 검색창에 검색 시 상단에 노출될 가능성이 커집니다.

예를 들어, 10개의 네이버 아이디를 확보한 후에 30개의 네이버 카페를 미리 찾아놓고 가끔 시간 날 때마다 30개의 카페를 돌아다니며 글을 작성합니다. 그리고 본격적으로 펜션이 오픈하는 시점에 맞춰 30개의 카페에 홍보 글을 작성해서 노출시킵니다.

'설마 이렇게까지 하는 사람들이 있을까?'라고 순진하게 생각하는 이들도 있을 줄로 압니다. 하지만 실제로 제 주변에 이런 방법을 사용하는 펜션은 매우 많습니다. 단, 거짓으로 올린 글은 정말 신경 써서 올리지 못한다면 티가 나게 됩니다. 그러니 사실적인 글을 퍼뜨릴 수 있도록 노력하는 것이 좋습니다.

마지막으로 직접 카페 측에 연락해 글 작성 허락을 받은 후 홍보 글을 작성하는 방법도 있습니다. 단, 글쓰기를 하더라도 카페 내에서 활동하면서 아이디의 지수를 높인 후 본격적인 글을 작성하는 것이 좋습니다.

2. 무조건 노출되는 카페 마케팅 팁

직접 카페에 올리는 방식 중 매우 효과적인 방식이 또 있습니다. 네이버 '중고나라'나 방 구하기 관련 카페에 글을 올리는 방식입니다. '중고나라'에 숙소를 올려 노출을 이끄는 방식은 생각보다 매우 노출이 잘 됩니다. 직접 글을 작성해도 되고 펜션 이용권 양도 방식으로 글을 올려도 됩니다. 이런 식의 홍보 작업은 광고 대행사에서 글을 올려주는 경우는 거의 없습니다. 그러니 관심이 있다면 펜션 운영자가 직접 글을 올리면서 상단을 먼저 선점할 수도 있습니다. 매우 효과적인 카페 마케팅 방식이니 꼭 한번 글을 올려보길 바랍니다.

Chapter
07

카카오톡
마케팅 노하우

고객의 전화번호를 '영업용 스마트폰'에 모두 저장시키면, 자동으로 카카오톡 신규 친구로 등록이 됩니다. 새로운 친구로 등록되면 상대방도 '펜션'의 대화명과 프로필을 볼 수 있으니 프로필 사진에는 나와 펜션을 잘 표현할 수 있는 이미지를 업로드해놓아야 합니다. 그리고 카카오톡 대화명은 펜션 상호를 포함해야 합니다. 하지만 스마트폰의 사용자가 친구의 이름을 본인이 임의로 저장했다면, 다른 단어로 보일 수도 있습니다. 그렇기에 대화명과 옆에 보이는 프로필 글에는 '지역과 펜션 상호'를 함께 써놓습니다. 고객의 스마트폰에 등록된 수많은 친구 중 펜션 사장의 카카오톡임을 보여줘야 하기 때문입니다.

1. 카카오톡으로 고객 관리하기

최근 SNS의 발달로 X(구 트위터), 페이스북, 인스타그램 외에도 많은 SNS 툴이 생겨났습니다. 하지만 고객 관리를 위해 현재 가장 효과적인 툴은 바로, 카카오톡입니다. 인스타그램 DM보다도, 스마트폰의 문자 서비스보다도 소통을 위해 대부분 카카오톡을 사용하기 때문입니다.

만약 펜션이 광고가 잘되고 있다면 매일 핸드폰으로 문의 전화가 걸려오고 있을 것입니다. 나에게 전화를 걸어온 모든 사람과 친구 맺기를 하면 좋겠지만, 모두 카카오톡에 저장하고 관리를 할 수는 없습니다. 하지만 적어도 펜션을 이용한 손님들과는 친구 맺기를 하는 것이 좋습니다. 만약 신생 펜션이라면 될 수 있는 대로 많은 고객과 친구 맺기를 하는 것이 좋습니다.

친구 맺기 방법은 매우 간단합니다. 내 스마트폰에 상대방의 연락처를 입력하기만 하면 됩니다. 그리고 상대방도 카카오톡을 이용할 경우, 친구 신청 버튼만 누르면 됩니다. 이렇게 한 명, 한 명, 친구 추가를 한 후에 카카오톡으로 소통하면 됩니다.

앞에서 블로그를 통한 소통 방법을 설명했습니다. 카카오톡도 결국 소통의 도구이기 때문에 방법은 블로그와 비슷하다고 할 수 있습니다. 먼저 프로필 사진을 올리는 곳에는 될 수 있으면, 자신의 얼굴이 나오는 것이 좋습니다. 그리고 닉네임을 쓰는 곳에는 내 이름보다는 펜션의 상호를 적는 것이 비즈니스를 하기 좋습니다. 저의 카카오톡 친구 중에는 펜션을 운영하는 사람임에도 펜션 상호가 아닌 이름이 적혀 있어서 어떤 사람인지, 무엇을 하는 사람인지 알 수 없는 경우가 많습니다. 이는 내 펜션을 알리기 위해 그리 좋은 방법은 아니니 꼭 펜션 상호로 닉네임을 설정해야 합니다.

내 펜션에 방문한 고객들과 하나둘씩 친구 맺기를 하다 보면 금방 수백 명의 카카오톡 친구가 생깁니다. 카카오톡은 언제 어디서든 간편하고 빠르게 고객들과 소통할 수 있는 모바일 서비스입니다. 그리고 새로운 고객 명단을 확보하기 위해서 큰 노력을 할 필요도 없습니다. 광고와 홍보를 해놓으면 내 펜션에 관심을 갖는 소비자들이 알아서 전화를 하기 때문입니다. 그러고 난 후 손님들의 연락처를 내 스마트폰에 저장하고, 카카오톡에 친구 신청만 하면 되는 것입니다. 예전에는 고객 명단을 확보하기 위해서 너무나도 많은 노력을 했지만, 기술이 발달하면서 고객과 소통하는 수단도 굉장히 간편해졌습니다. 이러한 흐름만 잘 이용해도 성공적인 비즈니스를 할 수 있게 되었습니다. 시대에 뒤지지 않고 인터넷 흐름을 잘 따라오길 바랍니다.

2. 문자 SMS 광고 방법

CRM은 'Customer relationship management'의 약자이며, '고객 관계관리'라는 뜻입니다. 즉, CRM 마케팅은 고객 관리를 위해 판매자와 고객의 관계를 발전시키는 방법입니다. 거창하게 들릴 수도 있겠지만, 펜션을 운영해오던 분들이라면 어떠한 형태로든 고객 관리 마케팅을 해봤을 것입니다.

직접 고객에게 전화하거나, 문자·메일 등을 통해 고객이 나의 펜션에 관심을 가지게 하는 방법이 있습니다. 여러 가지 CRM 방법이 존재하지만, 펜션 사업자에게 시간과 손이 많이 가는 고객 관리 마케팅은 다소 부담스러운 것이 사실입니다. 그래서 저는 펜션을 컨설팅할 때 가장 효과적이고 직접적인 방법을 사용하도록 권합니다. 그 방법이 바로

'문자 CRM' 마케팅입니다.

　　문자 CRM에 관해서 이야기하기 전에 먼저 판매자와 고객과의 관계, 그리고 사람과 사람과의 관계에 대해서 생각해볼 필요가 있습니다.

　　현재 우리는 광고의 홍수 속에 살고 있습니다. 하루에 서너 건씩 스팸 메일이 날아오고, 스팸 문자도 5~6건 이상 받게 됩니다. '딩동' 하고 문자가 오면 누구에게 온 것인지 바로 확인합니다. 그리고 대리운전이나 보험, 불법 게임 등의 문자인 것으로 보이면 짜증과 함께 그 문자를 삭제해버리게 됩니다.

　　하지만 그럼에도 굳이 문자로 CRM을 하려는 이유는, 도달률이 매우 높기 때문입니다. 수년 전에는 이메일 마케팅이 인기를 끈 적도 있었습니다. 하지만 현재 이메일 마케팅 도달률은 높지 않아 마케팅 도구로 잘 활용되지 않습니다.

　　스팸 메일을 받아본 소비자는 나와 관계가 없는 메일의 제목을 바로 휴지통 속으로 넣습니다. 하지만 핸드폰을 지닌 모든 사람은 문자에서 알람이 있으면 바로 체크하기 때문에 도달률이 거의 100%에 달합니다. 그래서 도달률이 높은 핸드폰 문자를 사용하기로 한 것입니다.

　　문자를 이용한 CRM 마케팅도 고객과의 관계가 친밀해지기 전에 무분별하게 펜션 할인, 이벤트, 광고에 관한 내용을 발송한다면, 수신자(소비자)는 스팸이라고 간주하고 삭제하거나 스팸으로 지정하는 등 더욱 역효과가 날 수도 있습니다. 그러므로 고객과의 관계를 만들 때는 몇 가지 단계를 거쳐야 합니다.

어떻게 접근해야 할까요? 실생활에서의 예를 들어보겠습니다.

> 직장동료가 자동차를 사려는데, 나에게 추천할 만한 자동차 딜러가 있는지 묻습니다. 그리고 나는 잘 아는 자동차 딜러가 생각이 나지 않아서 '없다'라고 대답합니다. 하지만 나에게는 1년에 1~2번 정도 동창회에서 가끔 만나는 친구가 있는데, 그 친구가 바로 자동차 딜러임을 나중에서야 깨닫습니다. 그간 그 친구와 교류가 없었기 때문에 자동차 딜러 추천 질문을 받았을 때, 바로 기억해내지 못했던 것입니다. 하지만 자주 전화하고 문자도 주고받는 사이였다면, 항상 머릿속에 기억하고 있었을 것입니다. 그리고 같은 질문을 받았을 때는 바로 내 친구(자동차 딜러)를 소개해줄 것입니다.

이렇게 항상 소비자의 머릿속에 나(펜션)를 기억해내도록 작업해야 합니다.

그럼 그 방법에 대해서 알아보겠습니다. 문자 CRM은 총 3단계로 이루어집니다.

1단계 : 감성 문자 발송

먼저 그동안 내 펜션에 다녀간 여행자들의 명단을 '사업자용 스마트폰'에 모두 저장합니다. 스마트폰에 고객 이름을 저장하는 방식은 날짜, 이름, 객실, 등급으로 나누어 저장합니다.

20250101 김성택 101호 VIP 부천에서 출발
20250102 홍길동 102호 일반 서울에서 출발
20250203 김놀부 103호 일반 일산
20250204 김흥부 104호 VIP 부산

이처럼 등록하면, 스마트폰 연락처 검색창에서(카톡창도 동일) 날짜별로 고객을 선정해 문자 발송을 하기가 쉬워집니다. 이를테면, 스마트폰 연락처에서 '2025'까지만 검색하면 2025년에 펜션에 다녀간 사람들만 확인할 수 있고, 202501까지만 검색하면 2025년 1월에 이용한 손님들 연락처만 확인할 수 있습니다. 그리고 자주 연락하는 사람들의 경우, 이름 옆에 VIP이라고 써 놓으면 스마트폰 연락처에 VIP이라고 검색해서 나온 손님들을 집중적으로 관리하기도 쉬워집니다. 그래서 고객을 관리하기 위해서는 먼저 날짜와 일반, VIP 등으로 나누어서 등록하는 것을 추천합니다.

명단에 등록된 전체 고객에게 단체 문자를 발송합니다. 단, 단체 문자는 광고의 성격을 띠면 안 되며, 첫 문자는 감성적인 문자여야 합니다.

〈감성 문자 발송〉
• 월별 이슈의 문자 예시

"밸런타인데이 준비는 잘하셨나요? 뜻깊은 날 좋은 추억 만드세요. - 홍길동 펜션 지기."

"여름 휴가 준비는 잘하셨나요? 올해도 안전하고 즐거운 여행되세요. - 홍길동 펜션 지기."

"가을 단풍이 멋지게 물들었네요. 이곳 강릉도 아름다운 모습입니다. 사진을 자주 찍게 되네요. - 홍길동 펜션 지기."

"벌써 한 해가 다 지나갔네요. 새해 복 많이 받으시고 새해에는 더욱 희망찬 한 해가 되길 바랍니다. - 홍길동 펜션 지기."

• 날씨 관련 문자 예시

"비오는 날 제가 있는 태안의 바닷가가 더 멋지게 보입니다. 잘 지내시죠? 안부 문자 드립니다. - 홍길동 펜션 지기."

"비 오는 날 빗길 운전 조심하세요. 첫째도 안전, 둘째도 안전입니다. 좋은 하루 보내세요. - 홍길동 펜션 지기."

"제가 있는 이곳에 첫눈이 내렸습니다. 아름다운 모습을 저희 펜션에 오셨던 분들에게도 보여드리고 싶네요. 홍길동 펜션 지기."

이와 같이 첫 단체 문자를(전체 고객)에게 발송할 때는 거부감이 들지 않도록 보내는 것이 좋습니다. 문자를 받아보는 사람이 누가 보냈는지(펜션 운영자)만 확인하면 성공입니다.

2단계 : 특별관리멤버(VIP)를 찾자!

1단계를 통해 감성적인 문자를 발송함으로써 나의 펜션을 상기시키는 역할을 했다면, 2번째 단계는 나의 펜션에 호의적인 고객들을 찾는 것이 목표입니다. 멀리서 나와 내 펜션을 응원해주고 입소문을 내줄 키맨들을 찾기 위해서입니다.

앞서 1단계에서 설명했듯이, 이벤트가 있는 시기에는 고객에게 카카오톡 문자를 발송합니다. 비가 오는 날에 또는 눈이 오는 날이라면 그와 관련된 문자를 발송할 수도 있습니다.

챗GPT를 이용해서 '오늘 눈이 올 거 같은데 내 지인들에게 눈길 조심하라는 문자를 보낼 거야. 좀 멋진 표현으로 눈길 안전 운전에 대한 문자 메시지를 완성시켜줘'라고 명령했더니 챗GPT가 다음과 같은 답을 해줬습니다.

> 하얀 눈이 내리는 오늘, 로맨틱한 풍경도 좋지만, 안전이 제일입니다! 눈길에는 작은 방심도 큰 사고로 이어질 수 있으니, 속도는 천천히, 마음은 여유롭게 운전하세요.
> 춥고 미끄러운 날씨에 늘 건강과 안전이 함께하시길 바랍니다.
> 오늘도 따뜻한 하루 되세요!

만약 챗GPT에 '지인들에게 문자를 보낼 예정인데, 새해 인사를 정중한 표현으로 짧게 만들어줘'라고 표현하면 꽤 괜찮은 문장을 만들어줄 것입니다.

펜션 사업자는 이 내용을 그대로 복사해서 붙여 넣기만 하면 됩니다. 챗GPT는 이제 필수입니다.

〈반응 이끌어내기〉

이미 상업적이지 않은 문자나 카카오톡을 한번 발송했다면 그중 극소수지만 답장을 하는 사람들이 있습니다. 답장한 이들은 내 펜션에 매우 호의적인 생각을 가진 사람들이기 때문에 연락처와 카카오톡 명단에 VIP라고 입력해서 등록합니다(1,000명에게 보냈을 때 50명 정도의 답장만 왔다고 해도 성공적입니다).

예를 들어, 전체 고객 명단이 1,000명이라면 이 사람들에게는 연 4회 정도 보내도록 하며, 답장을 해준 고마운 VIP 고객들이 50명이라면 이들은 적극적으로 관리하고 꾸준한 교류를 이끌어내야 합니다. 말 그대로 '제대로 된 소통'을 해야 합니다. 50명에게 가끔 전화하고 문자를 주고받는 일을 계획에 따라 실행한다면, 그리 어려운 것이 아닙니다. 사실 이 마케팅의 목적은 나와 나의 펜션에 호의적인 50~100명 정도를 찾아내는 것입니다.

예를 들어, 고객이 앞에서와 같은 문자를 받게 되면 흔쾌히 답을 줄 것이고, 혹시 답을 주지 못한다고 하더라도 답하지 못한 부담감에 계속 펜션이 머릿속에서 떠나지 않게 됩니다. 즉, 고객과의 소통은 관심과 질문으로 시작하며, 그 답을 얻어가면서 관계를 지속해나가는 것입니다. 만약 이들이 블로그, 카페, 카카오톡, 인스타그램 중 자주 사용하는 서비스가 있다면, 그 공간에서 소통하는 것도 좋은 방법입니다. 이러한 소통을 하기 위해서는 고객에 대한 정보가 많아야 합니다.

만약 이러한 소통을 하는 중에 누군가 펜션을 추천해달라고 하면, 바로 '내 펜션'을 추천해줄 가능성이 커집니다. 내 펜션을 추천해줄 수 있는 고객 50명의 효과는 생각보다 매우 큽니다. 우리는 단지 50명을 아는 것이 아니라 그들이 속한 그룹에 관심을 가져야 합니다.

고객 1명이 속해 있는 그룹은 가족, 친구, 직장동료, 온라인 친구들, 동창 등이 있으며, 이렇게 소통에 적극적인 사람들은 내 주변 사람들에게 나의 펜션을 소개할 확률이 매우 큰 사람들입니다. 그렇기에 이러한 숨겨진 나의 영업 사원을 발굴하는 작업은 꼭 필요합니다. 처음에는 50명으로 시작해 점차 100명만 만들어놓아도 대단한 효과를 얻을 것이며, 이렇게 여러 사람과 소통을 하기 위해서는 많은 노력이 필요합니다.

3단계 : 이벤트 발송

고객을 나와 소통하는 사람들로 만들었다면, 그들은 나의 VIP 고객이 되었으며, 이제는 펜션 할인 이벤트 등을 문자로 보내도 좋습니다. 서로의 안부를 묻고 질문을 주고받는 사이에서 평일 펜션 할인 또는 그외 이벤트 문자를 받았다면 거부감은 덜할 것입니다. 그리고 스팸이라고 인지하기보다는 특별한 대우를 받는다고 생각하게 됩니다.

이제 펜션 이벤트, 광고 관련 문자를 처음부터 발송하면 안 되는 이유도 알았고, 또 어떻게 잘 보낼 수 있는지를 배웠습니다. 그럼 지금 당장 내 펜션에 다녀온 고객 명단을 스마트폰에 잘 정리해보도록 합니다. 고객 명단을 확보했다면, 카카오톡과 SMS(문자 서비스)를 통해 진행할수 있는 광고 방법은 무궁무진합니다. 먼저 나의 펜션 사업에 호의적인 VIP 명단을 확보하기 위한 노력을 해야 합니다.

〈카카오톡으로 발송하기 좋은 문자들〉

- 날씨 관련 문자
- 지역 축제 관련 소식
- 빅 이슈(재난, 속보 관련 뉴스)
- 펜션 주변 여행지 관련 소식
- 책에서 발췌한 좋은 글귀
- 건강 관련 정보

이 모든 주제의 글들은 챗GPT에서 작성하라고 명령만 하면 금세 완성도 높게 작성할 수 있습니다!

인스타그램
광고 노하우

1. 인스타그램 마케팅을 빠르게 이해하는 법

제 강의를 듣는 수강자들에게 종종 어떤 SNS를 사용하는 것이 좋은 지 질문을 받을 때가 있습니다. 답은 너무 간단합니다. 최근 인기 있는 모바일 SNS를 사용하면 됩니다. 현재를 기준으로 한다면 인스타그램 을 사용하길 권합니다.

만약 새롭게 만들어진 SNS 도구가 큰 인기를 끌고 있다면, 그 새로 운 서비스로 갈아타면 됩니다. 모바일 SNS는 정보 저장과 생산보다 소 통과 확산에 유리하기 때문에 결국 사람들이 가장 많이 이용하는 서비 스를 사용하면 되는 것입니다. 많은 SNS 도구들이 호황을 누렸고, 또 많이 사라져갔습니다. 그러니 계속 새로운 도구에 적응해가면서 SNS 를 활용해야 합니다. 인터넷 소통의 큰 틀을 잘 알고 있다면 새로운 도 구들은 금방 익힐 수 있습니다.

140자 단문으로 소통을 하는 '트위터'는 몇 년 동안 모바일 SNS의 최강자로 전 세계에서 식을 줄 모르는 인기를 얻다가 최근 몇 년 동안은 침체기를 거쳐 현재 대한민국에서는 그 이용자 수가 급감하게 되었습니다. 그리고 지금은 'X'라는 이름으로 바뀌었습니다. 현재 트위터, 즉 X는 국내에서 마케팅 도구로는 좋지 않습니다.

우리나라의 서비스도 비슷한 사례가 있는데, 바로 '카카오스토리'입니다. 카카오스토리는 국민 메신저인 '카카오톡'의 인기와 사용자 수를 힘입어 서비스를 개시한 초반에는 페이스북을 위협할 정도의 인기를 누렸습니다. 하지만 종전의 SNS와 별반 다르지 않은 서비스를 제공하면서 서서히 유저들의 관심은 멀어져갔고, 페이스북의 약진과 새로운 인기 서비스 등장(인스타그램)으로 주춤하더니 이제 카카오스토리 이용자 수는 급감하게 되었습니다.

공들여서 열심히 키운 SNS 도구가 어느 순간 인기가 식어서 홍보에 별 도움이 안 되는 도구로 전락할 수도 있습니다. 영원히 인기 있는 SNS 도구는 있을 수 없습니다. 떠오르고, 그리고 어느새 식어버립니다. SNS는 사회적인 관계망을 온라인에 옮긴 도구입니다. 말 잘하고 매력적인 사람들이 인기 있는 사람이 되듯이, SNS에서도 당연히 매력적인 사람들이 주목을 받습니다.

그러니 사람들의 주목을 받는 이미지를 어떻게 노출시키는지를 알고 있다면, 어떤 SNS 서비스라도 잘 활용할 수 있을 것입니다. 즉, SNS 사용 방법(매뉴얼)을 익히기 위해서 시간을 보내기보다는 매력적인 콘셉트를 만드는 방법을 연구하는 것이 좋습니다. 앞으로 이러한 도구들은 사용 방법이 점차 더 쉬워질 것이기 때문입니다.

현재 가장 뜨거운 SNS 서비스는 인스타그램입니다. 몇 년 동안 SNS 의 최강자는 페이스북이었으나 페이스북은 이미 가입할 만한 사람들은 다 가입한 상태로, 성장률은 높지 않습니다. 유저가 늘어나는 속도와 성장세로 본다면, 인스타그램이 단연 1위입니다. 최근 틱톡의 인기도 만만치 않지만 여러 제재가 있을 수도 있어 잘 키운 SNS 도구가 한꺼번에 무너질 수도 있으니 지금은 가장 안전한 인스타그램에 더 신경을 쓰는 것이 좋다고 생각합니다.

인스타그램이 이처럼 인기를 끌고 있는 이유는 이용이 쉽고 간단하기 때문입니다. 사진과 동영상으로 소통을 하기에 긴 글도 필요 없습니다. 사진 한 장만 '떡' 하니 올리면 그만입니다. 이렇게 간단한 소통의 도구가 등장하자 한동안 트렌드를 선도하던 네이버 블로거들의 활동률이 많이 감소하기도 했습니다.

블로그 운영과 비교한다면 인스타그램 운영은 훨씬 더 쉽고 빠릅니다. 최근에는 정보를 검색할 때도 네이버가 아닌, 인스타그램을 통해 검색하는 경우가 점차 늘고 있습니다.

출처 : 인스타그램

관심 지역의 맛집을 검색할 때는 위의 사진에서 보이는 것과 같이 인스타그램의 검색 기능을 이용해서 '부천맛집'이라고 검색합니다. 검색 결과에 보이는 수많은 사진 중에서 내가 먹고 싶은 음식 사진을 클릭해 맛집의 정보를 찾을 수 있습니다. 사진이 촬영된 위치를 이용해서 정보를 얻을 수도 있고, 해시태그를 통해서도 가게의 정보를 얻을 수도 있습니다.

네이버나 구글 등에서 발견한 펜션이 있다면 인스타그램에서 해당 펜션의 이름을 검색한 후에 해당 펜션에 대한 사진이 얼마나 업데이트 되었는지, 그리고 어떤 평을 받고 있는지를 알아볼 수도 있습니다.

예를 들어 '홍길동 펜션'이라는 곳을 어디선가 찾았다면, 그것을 인스타그램의 검색창에 #홍길동펜션이라고 검색해봅니다. 만약 수백 명이 해당 펜션 사진을 올리고 칭찬 일색이라면, 그곳은 좋은 펜션일 가능성이 더 커지게 됩니다.

■ 인스타그램 검색창에 경북 성주에서 유명한 '푸푸케아 풀빌라'를 검색하니 약 1,000개 이상의 게시물이 보인다 ■

출처 : 인스타그램

예전에는 몇 명의 파워 블로거들에 의해서 인기 좋은 펜션이 결정되었다면, 이제는 다수가 추천하고 좋아하는 곳이 좋은 펜션으로 소개됩니다. 그렇기에 SNS의 역할로 본다면, 인스타그램이 더 정직한 정보를 준다고 할 수 있습니다(물론 인스타그램 안에도 광고, 홍보 작업 글은 있습니다).

이렇게 다양한 장점이 있는 인스타그램을 어떻게 홍보에 잘 활용할 수 있을까요? 인스타그램은 관계의 범위를 넓히는 데 유리하기에 친구들을 많이 사귀고, 친구들의 글에 반응하며 소통의 폭을 넓혀갑니다. 그렇게 된다면 효과적으로 내 펜션도 홍보할 수 있게 됩니다. 매우 단순한 원리입니다.

하지만 한 가지는 꼭 알고 넘어가야 합니다. 바로 해시태그의 이해입니다. 해시태그는 내 글과 사진이 어떤 주제로 노출될지를 보여주는 기능을 하기에 이 해시태그를 잘 활용한다면, 나와 관심 분야가 같은 사람들끼리만 친구가 될 수도 있고, 관심 분야가 같은 사람들에게 노출할 수도 있습니다.

만약 애견 펜션을 운영한다면 반려견을 키우는 사람들을 찾는 것이 가장 우선일 것입니다. 인스타그램의 검색창에 #멍스타그램 #반려견 #강아지 등을 검색하면 현재 강아지를 키우는 사람들이 보입니다. 그들과 팔로우를 하고 댓글을 달고 소통하면, 자연스럽게 미래의 고객을 내 친구로 등록할 수 있게 됩니다.

만약 키즈 펜션을 운영한다면 #육아 #육아스타그램 #아기 #아이와가볼만한곳 등을 검색해 친구 맺기를 하면 됩니다. 소비자가 무엇을 좋아하고 무엇에 관심이 있는지 '#'을 통해 스스로 노출하고 있으니 미래의 수요 고객을 만드는 것이 너무나도 쉽습니다.

그럼 펜션 운영자가 인스타그램을 사용할 때 어떤 해시태그를 사용하는 것이 좋을까요?

인스타그램 검색창에 '#가평펜션'이라고 검색하면 '#가평펜션'은 게시물이 26만 개, '#가평펜션추천'은 3.5만 개, '#가평펜션여행'은 1,000개가 있습니다.

이 중 이제 막 인스타그램을 시작해서 영향력이 작은 인스타그램을 운영하는 사람은 어떤 해시태그를 사용하는 것이 좋을까요? '#가평펜션'처럼 무조건 많은 사람이 사용하는 해시태그가 좋을까요?

인스타 홍보 작업 초기라면 경쟁이 덜한, 적은 수의 해시태그 '#가평펜션추천', '#가평펜션여행'을 사용하는 것이 노출에 유리합니다.

그리고 상대방의 인스타그램에 반응을 남길 때는 '좋아요' 100개를 남기는 것보다 성의 있는 '댓글' 하나가 더 효과가 큽니다. 이렇게 내 사업과 관련된 해시태그를 사용한 인스타그램 사용자를 모두 팔로우하고, 그들의 사진에 성의 있는 댓글을 남기며 활동한다면 내 인스타그램에도 많은 팔로워가 생기게 됩니다.

하지만 여기서 알아야 할 것이 있습니다. 만약 내 인스타그램의 모습이 너무 상업적으로 보인다면, 상대방은 장사꾼처럼 보이는 내 인스타그램을 팔로우할 확률이 매우 떨어지게 됩니다. 그러므로 인스타그램 초기에는 내 비즈니스에 관련된 사진을 올리기보다는 여행지, 맛집, 사람 등 내 펜션 주변의 이야기 등 상업적이지 않은 모습들을 주로 업데이트해야 합니다.

〈인스타그램 TIP〉

- 해시태그는 13~14개를 넘지 않는 것이 좋습니다.

- 매번 사진을 올릴 때마다 같은 해시태그를 사용하지 않습니다.

- 사진을 올릴 때는 인스타그램 자체 필터를 사용하거나 사진 보정 앱을 사용해서 색감을 감각적으로 바꿔 올립니다.

- 펜션은 조용한 모습보다는 사람들로 채워진 모습을 업데이트하는 것이 좋습니다.

- 정적이거나 일상적인 모습으로 채워져서는 안 됩니다(꽃, 하늘, 개 등의 사진).

- 사장과 손님이 소통하는 모습을 업데이트합니다.

- 내 펜션과 관련된 지역 해시태그를 검색해서 노출된 모든 유저들을 팔로우를 합니다.

- 1일 업데이트는 2번 이상 : 페이스북이나 인스타그램에 업데이트되는 정보는 휘발성이 매우 강하므로 최신 글과 사진이 인기를 얻을 수 있습니다. 더 노출하고 싶은 욕심에 더 많이 업데이트하는 경우가 있는데, 너무 많은 글이 업데이트되면 내 소식을 받아보고 있는 친구들에게 피로감을 안겨줄 수 있으니 적은 수의 콘텐츠를 업데이트하더라도 콘텐츠의 질을 높이는 데 집중하는 것이 좋습니다.

- 짧은 글 : 모바일로 인스타그램에 접속하는 SNS 유저들은 장황하고 긴 글보다는 짧고 간단하게 볼 수 있는 콘텐츠를 더 좋아합니다. 챗GPT를 이용해 짧은 글을 작성하도록 명령한다면 더 수준 높은 글을 빠르게 만들어낼 수 있습니다.

- 사진 : 감각적인 사진들이 조회 수가 높아지니 가능하다면 앱을 사용해서 편집 후 올리는 것이 좋습니다. 사진 작가가 촬영한 수준 높은 사진을 두루 섞어 업데이트합니다.

- 이벤트 노출 : 이벤트는 자주 알릴수록 좋습니다. 인스타그램뿐만이 아니라 블로그, 카페, 네이버 모두, 플레이스 등에 재미있고 작은 이벤트를 자주 업데이트합니다.

- 릴스 영상 : 이제 동영상도 숏폼(짧은 영상)이 가장 인기가 있습니다. 하지만 매우 짧은 영상이기 때문에 주제 정하기가 숏폼 만들기의 9할 이상을 차지하게 됩니다(어떤 주제가 인기를 끌 수 있는지 다음 장에서 소개하겠습니다.).

- 규모가 큰 사업일 경우 비싼 네이버 키워드 광고가 유리할 수도 있지만, 객단가가 높지 않은 상품을 판매하는 경우나 규모가 작은 사업장일 경우에는 상대적으로 낮은 비용으로 집행이 가능한 인스타그램 광고가 더욱 유리합니다. 인스타그램 광고를 할 때는 펜션을 중심으로 광고할 대상의 범위를 설정해서 지역 내 사람들에게만 보이는 광고를 할 수도 있습니다(인스타그램 광고는 설정 화면에서 프로페셔널 계정 전환 버튼을 누른 후 진행할 수 있습니다).

2. 소비자를 끌어들이는
   인스타그램 콘텐츠 제작 노하우

인터넷에서 보면 많은 마케터들이 마치 대단한 노하우가 있는 것처럼 인스타그램에 대해서 가르쳐주고 있습니다. 물론 그중에는 정말 홍보에 큰 힘이 되는 팁을 가르쳐주기도 합니다. 하지만 막상 직접 해보면 그 노하우들을 따라 하기도 쉽지 않고, 설령 따라 한다고 해도 조회 수가 급등하거나 '좋아요'가 급격히 늘어나지도 않습니다. 인스타그램 설정에서 구글 검색에 노출되도록 해놓는다든지, 해시태그를 잘 달아놓는다든지 등의 매뉴얼에 가까운 노하우도 중요하지만 역시 본질을 꼭 알아야만 합니다. 본질이란, 인간 심리에 대한 이해와 관계입니다. 인간관계가 인터넷 안에서도 똑같이 적용되고 그 관계를 이해하지 못한다면, 아무리 마케팅의 꼼수를 많이 알아도 매출에 큰 영향을 미치지 못합니다.

그럼 일단 제가 그동안 경험했던 내용을 통해 설명해보겠습니다.

대부분의 펜션 인스타그램을 보면 굉장히 광고성이 짙게 나타납니다. 프로필은 매력 없는 업체의 모습에, 인스타그램 피드는 객실 사진을 올려놓은 후 그 아래 펜션 소개와 자랑을 하고 마지막에 해시태그가 달린 방식입니다. 이런 인스타그램을 운영한다면 우연히 펜션 인스타그램을 확인한 사람들은 고민도 하지 않고 그냥 빠져나갈 것입니다.

이는 연애하는 방식으로 이해하면 더 쉬울 것입니다.

남녀가 미팅을 통해 처음 만났습니다. 그런데 첫 만남에 남자가 바로 사귀자고 하면 상대는 어떤 반응을 보일까요? 꽤 당황스러울 것입니다. 그럼 좀 더 나아가서 "저는 돈도 좀 모아놨고 아파트도 하나 있고 외제차도 하나 장만했습니다. 믿을 만한 사람이니까 결혼하면 어떨까요?"라고 말하면 어떨까요? 그것도 첫 만남에. 아마 상대는 그대로 박차고 나가버릴 것입니다.

대부분의 사람들은 이런 방식으로 상대를 유혹하지 않습니다. 최종적으로 원하는 목표가 있지만, 상대방이 달아나지 않도록, 그리고 부담스러워하지 않도록 천천히 매력적인 모습을 보여주려고 노력합니다. 상대방과 대화의 접점을 찾기 위해서 요즘 인기 있는 TV 프로그램이나, 가볍게 영화 이야기도 나누고 음악이나 소설에 관한 이야기도 나눕니다. 그런 가벼운 이야기를 나누면서 상대방에게 다가가려고 노력합니다.

상대는 자신과 비슷한 점도 있고 공감하는 부분도 있는 상대방이 더 알고 싶어지면 점점 질문도 많아지고 더 가깝게 다가가게 됩니다. 그러니 상대방에게 가깝게 다가가려고 할 때 가장 좋은 방식은 상대방 스스로가 나에게 관심을 가질 수 있도록 하는 것입니다. 그런 자연스러운 방식으로 유혹해야 합니다.

그럼 인스타그램이라는 SNS 도구는 어떻게 쓰여야 할까요? 앞서 설명한 것처럼 대놓고 상품 사진을 올려놓고, 글을 적는 곳에 무작정 상품을 설명하고 구입하라고 권하면 안 됩니다. 상업적인 콘텐츠에 거부감을 느끼게 되기 때문입니다. 그렇기 때문에 인스타그램을 이용할 때는 상품이 아니라 매력적인 내용, 공감할 수 있는 내용, 재미있는 내용을 먼저 올리는 것이 좋습니다. 이를테면 사진 작가가 촬영해준 매력적인 펜션의 사진을 인스타그램에 올리고, 게시 글에는 영화의 명대사나 소설 속의 멋진 문구, 사랑이나 우정, 가족애에 대한 시의 일부분을 적어놓으면 더 매력적인 콘텐츠가 됩니다.

인스타그램에서는 물건을 팔 생각보다는 사진과 글을 본 사람에게 조금씩 매력을 어필하겠다는 생각으로 노출해야 합니다. 미팅을 한 남녀가 대화를 나눈 후 상대에게 관심이 생겨서 이후 애프터 신청을 하듯이, 인스타그램을 본 사람이 해당 인스타그램을 보고 좀 더 알아보고 싶은 마음이 들어 프로필 란에 홈페이지 링크를 누르도록 해야 합니다.

소비자들은 그리 만만하지 않습니다. 너무 들이대면서 처음부터 물건 팔 생각을 하면 절대로 안 됩니다. 그러니 때로는 상업적인 내용이나 이벤트 등도 올려야겠지만, 좋은 느낌만 전달하는 방식이 좋습니다. 조금 더 설명하자면 상품, 즉 펜션을 판매하기 위한 상품 페이지와 같은 내용은 2~3개 정도 작성해서 인스타그램 가장 상단에 고정해놓고, 나머지는 매력 발산을 위한 콘텐츠를 채우는 방식이 좋습니다.

3. 조회 수 100만을 만드는 릴스(숏폼) 만들기 노하우

인스타그램을 잘 운영하려면 릴스(숏폼) 활용은 필수입니다. 물론 동영상이나 사진을 이용해서 또다른 동영상을 만들어야 하기 때문에 조금 더 어렵고 번거로운 작업이 될 수 있지만, 그럼에도 불구하고 신규 팔로워를 확보하기 위해서 릴스는 꼭 활용해야 합니다. 보통 릴스가 아닌 사진이나 동영상을 인스타그램에 올리게 되면 팔로우 중 일부에게 노출됩니다.

하지만 릴스 영상이 조회 수가 폭발하게 되면 내 팔로워(구독자) 외 팔로우를 하지 않은 많은 사람이 내 릴스를 시청하게 되고, 그 영상이 마음에 들었다면 내 인스타그램을 팔로우하게 됩니다. 그러니 현재 내 팔로워가 아닌 다수에게 노출해서 인스타그램이 성장하길 원한다면, 릴스는 필수로 해야 합니다.

그렇다면 조회 수가 많이 나오는 릴스는 어떻게 만들어야 할까요?

조회 수가 폭발하는 릴스의 기본 조건은 댓글과 좋아요 수가 많고, 공유와 저장을 많이 하는 영상이어야 합니다. 정보 없이 가볍게 흘려보내며 시청하는 재미있는 영상보다는 저장하고 다시 볼 만한 정보 영상, 친구들에게 공유해서 알려주고 싶은 가치 있는 영상이 좋습니다.

먼저, '주제'를 정하는 것이 가장 중요합니다. 최대한 많은 사람들이 봐야 하기 때문에 주제는 매우 대중적으로 관심을 가질 만한 것이어야 합니다. 돈 버는 법, 건강 정보, 다이어트, 여행, 맛집, 아기, 카페, 고양이, 강아지 등의 예쁜 동물과 같은 보편적인 주제가 좋습니다.

이와 같은 주제로 영상을 만드는 이유는 앞서 설명했듯이, 누구나 관심을 갖고 공유하고 저장할 만한 주제여야 하기 때문입니다. 그래야 일명, '떡상'을 할 수 있는 기준이 됩니다. 누구나 관심을 가질 만한 주제 중에 강아지의 귀여운 행동을 재미있게 연출할 수도 있고, 드라마나 영화 일부를 짧게 편집해서 흥미를 끌거나 재미있는 영상을 만들 수도 있습니다. 하지만 앞서도 이야기했듯이 여러 주제 중 우리의 비즈니스에 가장 도움이 되는 릴스 주제는 바로 정보성 영상입니다.

그리고 중요한 것은 바로 팔로우입니다. 릴스 영상은 마음에 들어서 '좋아요'를 눌렀지만, 막상 영상의 프로필에 가서 팔로우를 누르려고 봤더니, 영상과 너무나도 다른 주제를 운영하는 인스타그램이라면 팔로우는 하지 않을 것입니다.

예를 들자면, 릴스 영상은 '커플이 꼭 가 봐야 할 예쁜 카페 TOP 5'라는 주제로 만들어진 릴스인데, 프로필로 가서 봤더니 헬스 전문 인스타그램 계정이라면 팔로우까지 하지는 않을 것입니다. 그러니 대중적인 주제로 릴스를 만들 때는 본 계정의 주제와 부합하는 영상으로 만드는 것이 가장 좋습니다.

펜션 사업자의 인스타그램이라면 평소에는 자신이 운영하는 펜션과 주변의 일상 등을 올리다가 릴스를 제작할 때는 '가평에서 꼭 가 봐야 할 맛집 베스트 3곳, 춘천에서 가 볼 만한 데이트 코스 3곳, 강릉 현지인이 추천하는 맛집 5곳'이라는 주제로 영상을 만드는 것이 좋다는 것입니다. 이런 방식으로 영상을 제작해서 조회 수가 터졌을 때, 팔로우수가 급증하게 됩니다.

펜션을 운영하는 사업자들이 만들면 좋은 주제로는 어떤 것들이 있을까요?

- 흩어진 정보를 잘 정리해준 콘텐츠(큐레이션 콘텐츠)
- 재미있는 콘텐츠
- 저장하고 다시 보고 싶은 콘텐츠
- 친구에게 보여주고 싶은 콘텐츠
- 일반인들이 잘 모르는 고급 정보 콘텐츠
- 여러 정보를 모아둔 콘텐츠
- 타깃팅한 유저가 좋아하는 콘텐츠

무엇보다 가장 중요한 것은 후킹입니다. 짧은 시간에 타임라인으로 지나가는 내 영상을 선택해서 클릭하도록 만들려면 자극적인 글과 자극적인 사진만 있으면 됩니다.

인스타그램뿐만 아니라 유튜브 역시도 잘되는 채널과 그렇지 않은 채널을 보면, 내용 자체의 수준은 큰 차이가 나지 않는 경우가 많습니다. 결국 선택받았는지, 못 받았는지의 차이입니다. 그리고 그 차이는 바로 짧은 제목과 메인 사진입니다. 그런데 사람들의 시선을 묶어둘 만큼 자극적인 글과 사진을 만들 자신이 없다고 해도 매우 쉬운 방법이 있습니다.

제가 가장 잘 사용하는 방법인데, 먼저 주제를 정하고 유튜브에서 검색한 후 제목을 비슷하게 이용하는 것입니다. 이를테면, 유튜브 검색창에 '강릉 카페'라고 검색하면 클릭하고 싶은 영상들이 첫 화면에 가득히 놓이게 됩니다.

필수 시청, 오션뷰 카페, 반드시, 현지인 검증, 관광 일번지, 뷰 맛집 등 시청자를 자극할 만한 단어들로 구성된 제목들을 쉽게 찾을 수 있습니다. 이 외에 네이버에서 검색한 후, 블로그 제목이나 네이버 카페 제목 등을 검색해서 좋은 제목을 찾을 수도 있지만, 저는 주로 유튜브 제목을 검색합니다. 요즘 가장 많이 사용하는 플랫폼이 유튜브이기 때문입니다.

그리고 소비자가 영상을 선택해서 플레이했다면, 영상 초반 3초 이내에 관심을 받을 내용이 있어야 합니다. 가장 먼저 릴스의 섬네일은 관심을 가질 만한 자극적인 영상이 좋습니다. 영상에 나레이션을 입히거나 영상 위에 문자로 영상을 소개한다면, 초반 3초에 '오늘은 누구나 삼시 세끼 다 먹으면서 일주일 만에 3㎏ 빼는 방법을 알려드리겠습니다'와 같은 나레이션이나 문장으로 시작한다면 이미 3초, 그 이상 집중하게 될 것입니다.

그럼 이제 본격적으로 릴스를 만들고 실행해보는 시간을 가져봐야 합니다. 이 책에서 릴스 영상을 만드는 매뉴얼을 모두 담을 수는 없으나 릴스 동영상 편집 방법, 음악 선정 방법, 텍스트 삽입 방법, 섬네일 설정 방법을 꼭 배워야 합니다. 가장 좋은 방법은 내가 만들고자 하는 영상 1~2개를 찾은 후 똑같이 따라 하면서 해당 편집 방법을 배우는 것입니다(간단하고 많이 사용하는 편집툴은 캡컷, 브루가 있습니다).

이 책의 서두에 누구나 할 수 있는 펜션 광고 방식을 소개한다고 이야기했는데, 아마 이 릴스를 성공적으로 만들고 공유하는 것은 쉽지 않을 것입니다. 물론 이러한 부분도 대행을 맡길 수 있습니다. 다만 제대로 된 업체나 전문가에게 맡겨야 합니다. 그렇다면 어떻게 대행을 맡길지 그 방법을 소개해보도록 하겠습니다.

4. 인스타그램 광고 대행은 어떻게 맡겨야 할까?

보통 인스타그램 대행 광고는 크게 3가지로 진행합니다.

첫 번째, 펜션 사업자의 인스타그램의 아이디와 비밀번호를 광고 대행업체에 넘기고 운영을 대행하는 방식입니다.

그러면 대행업체에서 하루 이틀에 하나씩 사진과 글을 올리면서 인스타그램 운영을 대행해줍니다. 하지만 저는 이런 방식으로 운영 대행을 맡겨서 잘된 사례는 거의 보지 못했습니다. 제 업무상 펜션 광고 대행업체나 프리랜서들도 많이 알고 있습니다. 그런데 펜션 사업주의 사업에 큰 영향을 미칠 만큼 대행을 잘하는 업체는 손에 꼽을 정도입니다. 분명히 광고 대행을 잘하는 업체도 있지만, 다수는 그렇지 못합니다. 그리고 제가 아는 소위 잘나가는 광고 대행업체는 매일 펜션 사업주들에게 전화해서 광고 영업을 하지도 않습니다. 항상 일감이 끊이지 않기 때문입니다. 그러니 일반 초보 사장들은 아마도 실력 좋은 광고 대행업체를 만날 확률이 매우 낮을 것입니다.

두 번째, 인플루언서의 인스타그램 피드에 올리는 방식입니다.

팔로워가 수만에서 수십만이 되는 인플루언서가 광고를 위한 상품이나 펜션 후기를 멋지게 올려놓으면 일시적으로 방문자 수나 예약률이 증가할 확률이 높아집니다. 하지만 인플루언서 체험단 마케팅 비용이 꽤 비싸기에 자주 활용하기는 어렵습니다. 보통 건당 100~200만 원이 훌쩍 넘기 때문입니다. 그리고 인스타그램 특성상 콘텐츠의 휘발성이 강하기 때문에 광고 효과의 지속력이 오래가지 못합니다.

세 번째, 펜션 인스타그램을 이용하면서 '게시물 홍보' 버튼을 이용해서 직접 광고하는 방식입니다.

출처 : 저자 작성

위의 인스타그램 사진 아래에 파란색 '게시물 홍보' 버튼이 있습니다. 이 버튼을 클릭해서 결제하면 타깃을 정해서 광고를 할 수가 있습니다. 사실 펜션 인스타그램의 이미지가 어느 정도 잡힌 후 팔로우와 '좋아요'를 적당히 받는 상태라면 이와 같은 방식으로 광고하는 것이 가장 효과가 큽니다. 그래서 가장 좋은 방식은 직접 인스타그램을 운영하면서 이벤트와 같은 좋은 콘텐츠는 유료 광고를 쓰는 방식이 가장 좋지만, 그럼에도 대행이 필요한 사업자라면 조금 다른 방식으로 인스타그램 대행을 맡기는 것이 좋습니다.

앞서도 이야기했지만, 대행업체에서 매일 성의 없이 마치 숙제하듯 올리는 대행 광고 방식은 거의 효과가 없습니다. 그러니 소극적으로라도 인스타그램을 직접 운영하면서 본인이 직접 하기 어려운 '릴스 동영상 제작' 정도만 대행해서 제작을 의뢰하는 방식이 좋습니다.

최근에는 조회 수에 영향을 끼칠 만큼 잘 만들어진 릴스 영상 5~10편 제작을 하면서 비용을 받는 업체들도 많이 생겨났습니다. 펜션에 방문해서 촬영하고 편집해서 메일로 발송해줍니다. 만약 그런 영상을 확보했다면 인스타그램에 평소에는 사진과 글로 만들어진 콘텐츠를 업로드하고, 일주일에 1개 정도의 잘 만들어진 릴스 동영상을 업로드한다면, 4개의 동영상으로 한 달을 쓸 수 있을 것입니다.

또는 1~2개월 정도 대행을 맡기는 방식입니다. 다만 앞에서 이야기했던 방식과 달리, 명확하게 업무를 정해주는 것입니다. '릴스 동영상 몇 개', '이벤트 몇 번', '팔로워 ○○○명' 등의 보증을 걸어 계약하는 방식입니다. 이런 방식으로 대행을 해서 인스타그램이 어느 정도 자리가 잡히면 다시 계정을 돌려받아 직접 운영하는 것입니다. 시간이 지나 다양한 시도를 해보고 인스타그램 실력이 좋아지면, 결국 모든 것들을 직접 하는 방식이 가장 좋습니다.

펜션 사업을 하다 보면 수많은 광고 대행업체의 영업 전화를 받게 됩니다. 너무나도 달콤한 제안에 100만 원, 200만 원어치 1년 계약을 해버리는 경우가 참 많습니다. 그런데 한 달에 10~20만 원짜리 대행 광고로 무엇을 얻겠습니까? 광고 대행사 직원들은 땅 파먹고 사는 거 아닙니다. 지금 우리나라 1시간 인건비는 1만 원 정도 됩니다. 10만 원이면 하루 정도의 인건비고, 20만 원이면 이틀 정도의 인건비입니다. 그 정도의 비용으로 한 달 동안 열심히 일해주기를 바라나요? 그 비용으로 펜션 광고가 잘되길 바라는 것은 너무나도 과한 욕심입니다. 그러니 광고 대행을 할 때 절대로 싸다고 해서 결정하면 안 됩니다.

제가 지금까지 지켜본 광고 대행업체 중 제대로 광고 대행을 하는 곳들을 보면, 대행료가 한 달에 100~200만 원이 넘어갑니다. 사실 그 정도 비용은 한 달 아르바이트 비용도 안 될 것입니다. 그러니 잘 생각해야 합니다. 대행으로 모든 것을 해결해줄 것이라고 기대하지 말고, 사업자가 할 수 있는 부분과 할 수 없는 부분을 명확히 인지한 후, 할 수 없는 부분만 정확히 골라서 대행을 맡기는 것이 좋습니다. 그래야 더 합리적으로 광고비를 쓸 수 있습니다.

저는 펜션 사업자가 블로그, 카페, 인스타그램, 네이버 광고를 모두 직접 운영하는 것이 얼마나 어려운지 압니다. 블로그 하나만 잘 운영하라고 이야기하기도 참 어렵습니다. 사진 촬영을 하고 수십여 장의 사진을 올리고 1,000자 이상의 글을 쓰고 소통하는 것은 어렵습니다. 하지만 다른 것은 몰라도 인스타그램은 꼭 운영해야 한다고 생각합니다. 앞서도 설명했지만, 부족한 부분이 있다면 그 부족한 부분만 대행을 맡겨 해결하더라도 직접 운영해보는 것이 좋습니다. 저는 그동안 많은 펜션 사업자들을 교육하고 강의해와서 잘 알고 있습니다. 인스타그램 정도는 할 만하기 때문에 한번 해보라고 권하는 것입니다. 솔직히 말해서 이 정도도 못 하겠다면 펜션 사업으로 성공하기는 어렵습니다. 펜션 사업의 8할 이상은 광고입니다. 그러니 꼭 배우길 바랍니다. 그리 어렵지 않습니다(제가 운영하는 카페나 유튜브에서도 관련 교육 영상이나 글이 있으니 확인해 보세요).

> **김성택 작가의 유튜브 : 김성택 TV [대박펜션의 비밀]**
> https://www.youtube.com/buzzga2

5. 인스타그램 팔로워가 늘어나는 원리 이해하기

인스타그램 관련 책이나 강의 영상을 보면 정말 강의를 위한 강의, 그리고 책 만들기를 위한 책이 정말 많습니다. 핵심은 매우 간단한데, 이야기를 꼬고 비틀고 빙빙 돌려 이야기하는 경우가 많습니다. 인스타그램의 알고리즘을 100% 이해하는 사람은 없습니다. 당연히 몰라야 합니다. 그리고 설령 알고리즘이 노출되었더라도 메타(meta) 측에서는 그것을 그대로 놔둘 이유가 없습니다. 또 변화를 줄 것입니다. 그러니 우리는 이 기본에 대해서 알아야 합니다. 그리고 지금 이 책을 통해 펜션 사업자들이 이 기본을 어떻게 적용할지 설명해보겠습니다.

인기 콘텐츠가 되려면 좋아요, 댓글, 저장하기, 공유하기, 이 4가지가 늘어나야 한다고 앞에서도 이야기했습니다. 좋아요와 댓글은 맞팔을 하고 소통 작업만 꾸준하게 지속하면 자연스럽게 늘어납니다. '상대방에게 얼마나 꾸준히 댓글을 남기는 노력을 했느냐'에 따라 내 콘텐츠의 댓글이 늘어나기 때문에 인스타그램을 잘하려면 미련하지만 이런 작업은 꼭 필요합니다.

그럼 이 미련하고 꾸준하고 지루한 작업을 언제까지 해야 할까요? 인스타그램을 하는 모든 시간 동안 하는 것이 아닙니다. 팔로워와 좋아요가 폭발적으로 늘어나는 시기까지만 하면 됩니다. 그러니 아직 내 인스타그램의 규모가 폭발적으로 커지지 않았다면, 오늘도 꾸준히 그 지루한 작업을 해야 합니다.

그리고 인스타그램이 인기를 얻으려면 내 콘텐츠를 좋아할 사람들이 많아야 합니다. 1명보다는 10명이 좋고, 100명보다는 1,000명이 내 콘텐츠를 좋아해주는 것이 좋습니다. 여기서 중요한 것은 무작정 늘린 팔로워 수보다 내 콘텐츠를 정말 좋아하는 사람들과 맞팔을 해야 한다는 것입니다. 그렇게 해야 그들이 내가 올린 사진에 '좋아요'를 눌러주고, 내 사진에 관심을 가지는 횟수가 많아지면서 인스타그램의 AI가 내 콘텐츠를 좋은 콘텐츠라고 인식하고, 더 많은 사람들에게 노출을 시켜주기 때문입니다. 그래서 인스타그램을 처음 시작한다면 꼭 내 콘텐츠를 좋아해줄 사람들과 맞팔을 해야 한다는 것입니다.

이 이야기는 '내 콘텐츠에 반응을 할 수 있는 사람들을 모아야 한다'라는 것입니다. 너무나도 뻔한 방법이라 실망한 독자들도 있겠지만, 이것이 가장 중요하고 전부입니다. 지금까지 많은 분들에게 강의를 하다 보면 똑같이 가르쳐드려도 제대로 맞팔하는 분들은 정말 소수에 불과

했습니다. 그러니 이 기본을 잘 이해하고 인스타그램 마케팅의 첫 단추인 맞팔을 잘해보길 바랍니다.

인스타그램에 올린 콘텐츠가 많은 사람들에게 노출되고 인기를 얻으려면 가장 먼저 내 글과 사진, 동영상이 흥미롭거나 좋아할 만한 것이어야 합니다. 그런데 열심히 만든 내 사진, 동영상, 글이 모든 사람들이 관심을 가질 만한 좋은 콘텐츠는 아닐 것입니다.

아무리 정성껏 잘 만든 콘텐츠라고 해도 건강 관련된 정보는 젊은 사람들에게 별 관심을 못 받을 것이고, 클럽 관련 정보는 중년의 사람들에게 관심을 받지 못할 것입니다. 그러니 만들어내는 콘텐츠를 좋아할 만한 사람들과 '맞팔'을 해야 합니다.

저도 한때 '팔로워가 많이 늘어나면 뭔가 더 좋은 효과가 있지 않을까?' 하는 마음에 무분별하게 팔로워를 늘린 적이 있었습니다. 하지만 별다른 효과는 없었습니다. 그러니 내 콘텐츠를 좋아해줄 사람들을 잘 찾아 맞팔하고 소통해야 합니다.

인스타그램 광고가 어려워서 콘텐츠를 하루에 몇 개씩 올리고 의미 없이 팔로우만을 늘리는 방식으로 광고 대행을 맡기는 경우도 있습니다. 그런데 그렇게 늘어간 콘텐츠와 팔로워는 펜션 마케팅에 큰 영향을 미치지 못합니다. 오히려 악영향을 미치게 됩니다. 그러니 내 인스타그램이 목표하고 있는 타깃에 집중해 맞팔해나가야 합니다.

애견 펜션을 운영한다면 인스타그램 검색창에 '#반려견 #반려동물 #애견 #애완견 #애견카페 #애견운동장' 등을 검색해 실제로 개를 키우는 인스타그램 사용자를 찾아 팔로우합니다.

커플 풀빌라를 운영한다면 '#추천카페 #데이트코스 #드라이브코스 #커플펜션 #커플여행지 #프로포즈장소' 등의 해시태그를 검색해 확인된 사람들과 맞팔을 해나갑니다.

가족 펜션을 운영한다면 '#가족여행 #아이와가볼만한곳 #가족휴가 #아이 #육아 #육아맘 #육아빠 #딸 #아들' 등의 해시태그를 검색해 어린 자녀가 있는 엄마 또는 아빠가 운영하는 인스타그램을 찾아 팔로우하면 됩니다.

그런데 이들을 팔로우했다고 해서 상대방이 알아서 내 인스타그램을 팔로우해주는 것은 아닙니다. 아마 10명한테 보내면 10명 중 1~2명 정도가 내 인스타그램에 찾아와 팔로우해줄 것입니다. 그렇다고 상대방의 인스타그램 게시물에 '사진 잘 봤어요. 제 인스타그램도 답방과 맞팔 해주실거죠?'라고 적극적으로 대시해도 진정성 없는 댓글에는 별다른 반응을 하지 않을 것입니다. 천천히 친구가 되어도 좋으니 진정성 있는 댓글을 달면서 소통을 하다 보면 상대도 팔로우할 것입니다. 급한 마음에 #맞팔 #선팔 등의 사람들을 찾아 친구가 되어봐야 내 콘텐츠에 좋아요 한 번 안 눌러줄 확률이 높으니 그런 식의 맞팔 유저는 찾을 필요가 없습니다. 혹시 그런 방식으로 팔로워를 늘려도 좋다는 강의를 들었던 독자가 있다면 그 방식은 옛날 방식입니다.

다시 정리하면, 내 콘텐츠를 더 많은 사람에게 노출시키려면 내 콘텐츠에 반응하는 사람들이 많아야 합니다. 내 콘텐츠에 '좋아요'를 누르고 댓글을 달고 공유를 하는 등의 반응이 자주 일어나면 메타의 AI는 해당 콘텐츠를 '좋은 콘텐츠'로 인식하고, 점차 많은 사람에게 더 노출 범위를 확산시킵니다. 그러니 좋은 콘텐츠를 만드는 것만큼이나 사람들이 내 콘텐츠에 반응하도록 노력하는 작업은 중요합니다.

한 가지 예로, 사진이나 동영상을 올리고 나서 바로 내 맞팔 친구들의 인스타그램에 들어가 '댓글'이나 '좋아요'를 약 20~30명에게 남기면 상대방은 내가 지금 올린 사진과 동영상을 찾아와 반응을 보일 확률이 높아집니다. 이 역시도 모든 사람은 아닙니다. 10%로도 안 되는 비율로 내 피드에 찾아와 '좋아요'를 눌러줄 것입니다.

하지만 인스타 마케팅 초기에는 이런 즉각적인 '좋아요' 증가는 콘텐츠가 좋은 정보로 인식되는 데 매우 큰 힘이 됩니다. 맞팔 작업과 상대방 콘텐츠에 댓글을 남기는 작업은 최소 1,000명의 팔로워가 생길 때까지는 꾸준히 지속해야 합니다. 그러니 펜션 홍보 작업에는 여유 기간을 넉넉하게 두고 작업해야 합니다.

펜션 창업을 하는 분들을 상담하다 보면 건물 공사가 다 끝나는 시점에 홈페이지를 만들고, 홈페이지가 다 만들어질 즈음에 '이제 광고를 시작해볼까?'라고 합니다. 물론 네이버 키워드 광고나 제휴 마케팅 광고의 경우 입금한 후 바로 광고가 시작되지만, 블로그나 인스타그램의 경우 노출이 잘되도록 활성화될 때까지 꽤 오랜 시간이 걸립니다.

인스타그램의 계정이 활성화되기까지는 시간이 필요한데, 적어도 30~40개의 콘텐츠가 쌓여야 합니다. 그러니 초기에는 매일 1개 이상의 콘텐츠를 꾸준히 올려야 합니다. 만약 인스타그램을 이용한 마케팅을 펜션 오픈 직전부터 적용해서 활용하기를 원한다면, 적어도 펜션이 오픈되기 3~4개월 전에는 앞서 소개한 작업을 해야 합니다.

6. 펜션 예약률을 높이는 인스타그램 프로필 세팅 노하우

영상이 조회 수가 급격히 늘었다고 해도 바로 팔로워가 늘지는 않습니다. 콘텐츠를 본 사람 중 영상을 만든 사람이 궁금하다면, 프로필을 타고 들어올 것입니다. 그때 내 프로필이 팔로우할 만큼 매력적으로 보여야 합니다.

팔로우를 할 만큼 매력적으로 보이려면 프로필 아래에 업데이트된 콘텐츠들의 목적과 콘셉트가 확실해야 합니다. 중구난방식 콘텐츠가 모여 있다면 팔로우를 하지 않을 것입니다. 그래서 먼저 프로필만 봐도 해당 인스타그램이 어떤 목적을 띄고 있는 계정인지 한 번에 파악이 되어야 합니다.

예를 들어 '가평 홍길동 펜션, 가족 펜션, 단체 펜션'이 아니라 '가평에서 가장 친절한 아저씨가 운영하는 홍길동 펜션', '귀찮을 정도로 퍼주는 펜션 사장이 있는 홍길동 펜션', '5년 동안 한 번도 클레임 없었던 럭셔리 펜션을 운영하는 중'과 같은 프로필 문구가 좋습니다.

상업 목적의 펜션 프로필을 조금이라도 개성 있고 사람 냄새나도록 상업 이미지를 희석시켜야 합니다. 그리고 프로필에는 꼭 담겨야 할 내용이 있습니다.

① 상호명
② 눈에 띄는 카피
③ 상품 브랜드의 설명
④ 상품의 가치를 소개
⑤ 비즈니스와 연결

위 5가지를 꼭 포함해서 개성 있는 프로필을 만들어야 합니다.

7. 더 많은 확산을 위한 해시태그 정하는 법

먼저 노출하고자 하는 해시태그들을 미리 모아둡니다. 그리고 그 해시태그들을 인스타그램 검색창에 검색해서 검색량을 확인해봅니다. 그리고 인스타그램이 활성화되기 전까지 또는 인스타그램 운영 초기에는 되도록 검색량이 적은 해시태그를 사용합니다.

인스타그램에서 메인 키워드와 연관 키워드까지 조회 수를 한 번에 확인할 수가 있습니다.

초기에는 5,000건 이하의 해시태그를 써서 그 안에서 인기 있는 콘텐츠가 되도록 노력해야 합니다. 인기 콘텐츠는 키워드에 따른 인기 키워드입니다. 그러니 인스타그램의 영향력이 작더라도 남들이 잘 사용하지 않는 해시태그를 써서 인기 콘텐츠가 되다 보면, 결국 인스타그램 전체 계정에 영향을 주어 더 많이 노출되는 계정으로 활성화될 수 있습니다.

검색량이 많은 해시태그를 쓰면 많은 사람들이 검색하니 더 좋은 해시태그라고 생각할 수도 있습니다. 하지만 사용량이 많은 큰 해시태그는 경쟁이 과하기 때문에 영향력이 없는 내 인스타그램 콘텐츠가 인기 게시물에 올라가기도 힘들고, 계속 영향력 없는 콘텐츠로 인식될 가능성만 커지게 됩니다.

사진이나 동영상 아래 해시태그를 적을 때는 20개 이하를 쓰는 것이 좋습니다. 그리고 20개 이하의 해시태그 중에 2~3개 정도의 해시태그는 검색량이 높은 단어를 쓰고, 나머지 17~18개의 해시태그는 검색량이 적은 마이너한 해시태그를 사용하면 됩니다.

더 많은 검색률을 기대하고 관련 없는 해시태그를 많이 적는 방식은 노출에 큰 영향을 미치지 않으니 굳이 불필요하게 해시태그를 많이 쓸 필요는 없습니다. 그리고 가끔 보면 사진이나 동영상 아래에 해시태그를 적었음에도 검색률을 더 높이기 위해 콘텐츠 작성자가 다시 댓글을 달아 그 댓글에 해시태그를 추가하는 방법도 있는데, 역시 실효력은 크지 않습니다.

8. 펜션 이벤트를 이용한 인스타그램 홍보

펜션을 멋지게 만드는 것만큼 중요한 것이 바로 이벤트입니다. 이벤트를 통해 펜션을 알리고, 소비자는 펜션에 긍정적인 이미지를 갖게 됩니다. 그리고 소비자와 판매자 모두 이득이 생겨야 좋은 이벤트라고 할 수 있습니다.

펜션에서 할 수 있는 이벤트는 너무나도 많습니다. 그중 반응이 좋았던 이벤트 몇 가지와 진행 방법을 소개하겠습니다.

인스타그램 팔로우, 해시태그 늘리기, 네이버 리뷰 늘리기

펜션에 투숙 중인 손님들이 쉽게 볼 수 있도록 이벤트 내용을 알립니다.

〈펜션 이벤트 예시〉

펜션을 배경으로 촬영한 사진을 인스타그램에 올리고 '#속초펜션 #○○펜션 #데이트코스'라고 적어주시면 3만 원짜리 바비큐 그릴 무료!

또는 '소주1 + 맥주1' 무료 등 다양한 이벤트 상품을 제공할 수 있습니다. 단, 객단가가 높은 펜션에서 진행하기 좋습니다. 이렇게 작성된 이벤트는 바비큐장 옆 칠판에 적어두어도 되고, 예쁘게 디자인해 펜션 내 식탁이나 벽, 냉장고 등에 붙여놓을 수도 있습니다.

비슷한 방식으로 네이버 리뷰를 늘리는 방식도 있습니다. 펜션에 투숙한 손님들의 사진을 촬영하고 사진을 현상해 다음 날 액자로 만들어 제공합니다. 물론 투숙객은 네이버 리뷰 평점 5점과 좋은 리뷰를 남기는 조건입니다.

이 외에도 소비자들이 관심을 보일 이벤트는 얼마든지 더 있습니다.

• 룸 업그레이드
• 비수기 중에 1박 예약 시 추가 1박은 50% 할인

- 바비큐 2인 식사 제공(바비큐 식사 할인 이벤트)
- 운동장, 세미나실, 이벤트룸 무료 대여, 낚시대 대여 등

도자기 체험과 같이 여행과 동떨어진 이벤트보다 여행을 목적으로 한 사람들에게 관심을 끌 수 있는 이벤트를 만드는 것이 중요합니다. 이벤트를 통한 할인과 상품, 서비스 등을 제공하며 공격적인 마케팅을 하는 펜션들이 늘고 있습니다. 그만큼 펜션 사업이 치열해진 이유이기 도 합니다.

펜션 '이벤트'는 펜션에서 제공된 이벤트를 소비자가 제공받고, 펜션 측은 홍보의 효과를 얻어야만 합니다. 당연한 이야기지만, 많은 이벤트 들이 결국 소비자의 이익만을 안겨준 채 사라져버리는 경우가 허다합 니다. 소비자들에게 지속적인 관심을 받는 이벤트는 당연히 잘될 수밖 에 없습니다. 하지만 지속적인 관심을 받기 위해서는 먼저 알아야 할 것들이 있습니다.

① 이벤트는 지속성을 가져야 합니다.
② SNS와 연동해서 노출해야 합니다.
③ 이벤트는 간단해야 합니다.
④ 이벤트는 소비자 측에 이득이 되어야 합니다.
⑤ 한번 진행된 이벤트는 번복 없이 그대로 진행해야 합니다.

이 5가지를 하나씩 체크해보도록 하겠습니다.

첫째, 이벤트는 지속성을 가져야 합니다.

이벤트는 한번 진행하면 계속 진행하는 것이 좋습니다. 소비자가 우연히 해당 펜션의 좋은 이벤트를 확인했다면 참여하기를 원할 것입니다. 만약 여러 가지 이유로 참여하지 못해도 다음 달에 같은 이벤트가 있다는 것을 확인한다면 또다시 찾아오게 됩니다. 중요한 것은 '이 펜션에는 항상 좋은 이벤트가 있다'라는 인식을 심어주는 것입니다. 그리고 이벤트 초기에 참여자가 많지 않다고 해도 지속적으로 이벤트를 준비해야 합니다.

둘째, SNS와 연동해서 노출해야 합니다.

이벤트를 진행하고 홍보하기 위해 펜션의 공식 SNS는 필수입니다. 더욱이 현재 입소문이 난 펜션이 아니라면 SNS는 꼭 사용하고 있어야 합니다. 인스타그램, 블로그, 카페 등을 가지고 있다면 펜션 이벤트의 확산을 극대화할 수 있습니다.

예를 들어, 똑같은 이벤트라도 홈페이지만으로 진행할 때의 홍보 효과가 20%라면, SNS(블로그, 인스타그램 등)를 사용할 경우에는 80% 정도의 비율이라 생각됩니다. 물론 공식화된 수치는 아니지만, 제 경험에 의하면 그렇습니다. 그럼에도 아직도 홈페이지에 팝업 광고 하나 띄워 놓고 '왜 손님들이 이 좋은 이벤트에 참여하지 않을까?' 의아해하는 펜션 업주들이 많이 있습니다.

이벤트를 예로 들어 소개해보겠습니다.

무료 숙박 이벤트 또는 할인 이벤트 등을 진행해서 소비자들에게 이벤트 참여 희망 글을 홈페이지에 올려달라고 합니다. 그리고 홈페이지에 이벤트에 참여하기를 희망하는 사람들을 추첨합니다(이와 같은 이벤트는 과거에 매우 많이 있었고 지금도 자주 보입니다). 이러한 이벤트를 해서 얻을 수 있는 효과는 매우 미미합니다. 이벤트의 목적은 펜션을 알리는 데 있지만, 결국 이런 이벤트는 내 홈페이지에 와야만 확인할 수 있기 때문에 홈페이지 밖의 세상에 알려지는 일은 거의 없습니다. 그리고 홈페이지는 블로그나 트위터보다 정보 확산에 폐쇄적이기 때문에 결국 이벤트 당첨자만 이익이 생길 뿐입니다.

펜션 할인 또는 무료 숙박 등의 좋은 이벤트를 만들었다면, 홈페이지뿐만 아니라 운영하는 블로그, 인스타그램, 카페 등에 똑같이 작성해서 노출시켜야 합니다. 그리고 VIP들에게 카카오톡 메시지나 문자를 보내서 참여하는 방식이 아닌, 댓글로 참여하도록 해야 합니다.

블로그나 카페에 이벤트 글을 올리고 참여 방식은 댓글로 하라고 공지하면, 댓글 수가 늘어나는 만큼 해당 블로그 글은 주목을 받게 되고 상단 노출에 유리해집니다. 인스타그램은 리그램이나 이벤트 주최 측에서 제시한 해시태그를 작성하도록 합니다(예 : 이벤트 참여자는 #청주펜션 #청주홍길동 #청주여행지 해시태그 3개를 꼭 입력해주세요).

셋째, 이벤트는 간단해야 합니다.

펜션뿐만 아니라 타 업체들의 이벤트를 보면 '이렇게 복잡한 이벤트에 과연 몇 명이나 참여를 할까?'라는 생각이 들 때가 있습니다. 이벤트는 간단해야 합니다. 간혹 타 업체의 이벤트를 보면 포인트제와 같은 제도를 이용하는 경우도 있지만, 실제로 펜션에서 할인을 받기 위해서 노력을 하는 사람들은 그리 많지 않습니다. 이유는 귀찮기 때문입니다. 그리고 조금만 더 검색하면 비슷한 수준의 펜션을 더 저렴하게 예약할 수도 있기 때문입니다. 그래서 소비자들이 우연히 이벤트를 발견했다면 누구나 쉽게 이벤트에 바로 참여할 수 있을 만큼 간단해야 합니다.

넷째, 이벤트는 소비자 측에 이득이 되어야 합니다.

당연한 말입니다. 소비자 측에 이득이 되는 이벤트여야만 참여를 할 것입니다. 하지만 몇몇 이벤트를 보면 별로 구미가 당기지 않는 이벤트 상품으로 소비자를 끌어모으려는 업체가 가끔 보입니다.

최근에는 다양한 이벤트들이 많아져서 소비자들은 이제 평범한 이벤트에는 별 관심을 두지 않습니다. 그래서 이벤트는 파격적이어야 합니다. 이벤트를 통해 매출을 높일 계획보다는 이벤트를 통해 펜션을 더 알리는 계기를 마련하는 방식으로 진행해야 합니다.

다섯째, 한번 진행된 이벤트는 번복 없이 그대로 진행해야 합니다.

진행되는 이벤트를 펜션 측의 사정으로 취소 또는 변경하는 경우가 있습니다. 이벤트 변경, 취소는 한순간에 신뢰를 떨어뜨리는 행위입니다. 호의를 갖고 이벤트에 참여하려던 사람들마저 악플러로 만드는 상황이 될 수 있으니 한번 진행한 이벤트는 어떠한 경우든 끝까지 진행하는 것이 좋습니다. 혹자는 '어차피 공짜로 제공하는 상품인데, 이 정도는 이해해주지 않을까?'라고 생각하는 경우도 있습니다. 하지만 요즘의 까다로운 소비자는 그 행위를 이해하려고 들지 않습니다. 우리가 상대해야 하는 사람들 중에는 일반적인 상식선에서 행동하지 않는 사람들도 꽤 있습니다.

9. 인스타그램의 성패는 광고와 꾸준함

많은 이들이 이렇게 이야기합니다.

"매일 열심히 꾸준히 사진을 올리고 온라인 친구 맺기를 꾸준히 한다면 당신의 인스타그램은 친구도 많아지고 새로운 사진에 '좋아요'도 많이 달릴 것입니다."

틀린 말은 아니지만 맞다고 할 수도 없습니다. 이유는 인스타그램을 취미로 하는 것과 홍보를 하기 위해 사용하는 것은 다르기 때문입니다. 펜션 사장들은 인스타그램이 활성화가 될 때까지 기다릴 틈이 없습니다. 지금 당장 노출하고 수익을 만들어내야 합니다. 그렇다면 즉각 반응을 일으키는 방법은 광고밖에 없습니다. 지금 이야기하는 광고는 대

출처 : 저자 작성

행 광고가 아닌, 인스타그램 사진 아래 '게시물 홍보' 버튼을 이용한 광고입니다.

보통 인스타그램에서 좋아요가 수백, 수천 개씩 달리는 사람들을 보면 소위 '인플루언서'라고 불리며, 인스타그램 피드가 매우 멋지고 아름다운 모습의 사진들이 가득합니다. 그들의 모습은 마치 모델이나 영화배우처럼 잘 생기고 예쁩니다. 그런 화려한 사람들이 주목을 더 쉽게 받습니다. 그런데 그런 멋지고 예쁜 사람들도 매번 사진을 올릴 때마다 협찬을 받은 광고를 지속적으로 올린다면, 아름답고 멋진 모습을 갖췄음에도 점차 사람들의 외면을 받게 될 것입니다.

하물며 펜션 사장은 펜션을 홍보해야 하는 목적을 갖고 인스타그램을 운영해야 합니다. 즉, 상업적인 모습으로 인스타그램을 해야 하기에 일반인들보다 더 불리한 조건으로 인스타그램을 해야 합니다. 그런데 그런 악조건을 갖췄음에도 꾸준히 사진을 올린다고 과연 팔로워가 급격히 늘어날까요? 절대로 쉽지 않을 것입니다. 그러니 초반에는 앞서 이 책에서 소개한 대로 자극적인 사진 또는 튀는 사진을 업로드하고 소비자들에게 이득이 될 만한 이벤트를 올린 후, 그 사진들을 광고로 노출해야 합니다. 하루 광고비를 5,000원, 7,000원, 1만 원, 조금씩 변경해가면서 내 펜션에 맞는 광고비를 찾아보는 것도 방법이 될 수 있습니다.

〈블로그, 유튜브, 인스타그램에 도움이 되는 무료 사이트〉

• 인공지능 생산성 툴(챗gpt) https://chatgpt.com/

• 무료 사진, 동영상(픽셀) https://www.pexels.com/ko-kr/

• 무료 사진 동영상(픽사베이) https://pixabay.com/ko/

• 무료 동영상 편집 툴(캡컷) https://www.capcut.com/ko-kr/

• 무료 동영상 편집+AI 목소리+자막(브루) https://vrew.ai/ko/

• 무료 사진 편집(비펑키) https://www.befunky.com/

• AI 무료 로고 제작 https://www.shopify.com/tools/logo-maker/onboarding/pick-space

• 무료 템플릿(인스타그램 등) https://www.adobe.com/kr/express/

• 배경 이미지 자동 제거 https://www.remove.bg/ko

• 이미지 디자인 툴(미리캔버스) https://www.miricanvas.com/

• 이미지 디자인 툴(캔바) https://www.canva.com/

이 사이트들은 멋진 콘텐츠(사진, 글)를 제작하는 데 큰 도움이 되는 사이트입니다. 가입해보고 활용해보길 바랍니다.

Chapter

09

네이버 광고 노하우
- 세팅 편

　사업자등록을 한 펜션이라면 누구나 네이버에서 펜션 광고를 할 수 있습니다. 그리고 만약 펜션 홈페이지까지 완성되었다면 네이버에 홈페이지를 등록하고 광고를 진행할 수 있습니다.

　펜션 사업자는 평소 본인이 사용하던 네이버 아이디를 이용해서 네이버 플레이스와 예약을 등록할 수 있습니다. 중요한 것은 펜션의 사업주와 네이버 아이디의 사용자가 일치해야 한다는 것입니다. 물론 파워링크 광고나 네이버 예약 등을 타인의 명의로 등록하고 운영할 수도 있지만, 정산 문제와 리뷰 리셋 등의 여러 문제로 인해 될 수 있으면 펜션의 사업자등록증에 등록된 사업자와 네이버 아이디는 일치시키는 것이 좋습니다.

　잘 운영되던 펜션을 인수할 경우, 전 사장의 명의로 등록된 네이버 플레이스와 광고, 예약 등을 모두 새로운 사장에게 명의이전 할 수도 있습니다. 여기서 중요한 것은 바로 네이버 아이디입니다. 사업자의 네이버 아이디 하나로 많은 것을 할 수 있고, 그 아이디 지수에 따라 펜션 광고 노출의 여부가 갈라지게 됩니다. 그러니 사업자의 아이디는 소중하게 잘 관리해야 합니다.

이를테면 사업자의 아이디로 블로그를 만들 수도 있고, 네이버 카페에 가입해서 펜션 광고를 할 수도 있습니다. 그런데 만약 네이버에서 측정하는 지수와 알고리즘에 의해서 좋은 점수를 얻고 있는 아이디라면, 새로운 글을 쓸 때마다 상단에 노출되어 많은 사람들에게 읽힐 수 있고, 그만큼 영업에 큰 영향을 미칠 수 있습니다. 반대로 사업자가 사용하는 네이버 아이디가 지수가 낮다면 글을 열심히 써도 노출이 잘되지 않을 수도 있습니다. 그러니 네이버 광고의 효과는 사용하는 네이버 아이디의 힘에서 나온다고 해도 무방합니다.

네이버 아이디를 중심으로 세팅할 수 있는 공간은 네이버 플레이스, 네이버 광고, 네이버 예약, 네이버 블로그, 네이버 톡톡이 있고, 이 공간은 자주 사용하지 않더라도 무조건 등록시켜야 합니다.

이곳에 펜션의 정보를 등록하기 위해서는 사전에 준비해야 할 것들이 있습니다.

〈네이버에 사업장 등록을 위해 준비해야 할 것들〉

• 사업자의 네이버 아이디

• 사업자등록증

• 통신 판매업 신고증

• 사업자의 네이버 아이디(네이버 광고주 아이디) – 기존 아이디와 통합 가입 가능

• 사업주 연락처 또는 고객 응대에 필요한 사업장 연락처

- 네이버에 등록할 완성도 높은 펜션 사진
- 신분증 사본
- 숙박업 영업 신고증 또는 농어촌민박사업자 신고필증
- N페이 등록을 위한 계좌 정보(은행명, 계좌번호, 사업자명이 기재된 예금주 사업자명)

지금까지가 광고를 잘하기 위한 준비 작업이었습니다. 이제부터 노출되는 방법을 소개하겠습니다.

1. 네이버 플레이스 상단 노출 노하우
– 플레이스 세팅 편

■ 네이버 플레이스에 등록된 펜션의 모습 ■

출처 : 네이버

펜션 사업을 한다면 가장 먼저 등록해야 할 공간입니다. 네이버 스마트 플레이스는 과거에 '네이버 지도'라고 불렸고, 다음(DAUM)은 '다음 장소'라고 합니다.

네이버 검색창에서 '네이버 스마트 플레이스'라고 검색 후 펜션 정보를 등록할 수 있습니다.

■ 네이버 스마트 플레이스 ■

출처 : 네이버

네이버 로그인 후 '업체 신규 등록'를 누른 후 펜션의 상호명, 주소, 사진 등을 등록할 수 있습니다. 플레이스나 예약, 광고 등록 방법은 어렵지 않으니 천천히 실행해보고 문제가 생긴다면, 네이버 화면 하단의 전화 상담을 통해 문제를 해결할 수 있습니다.

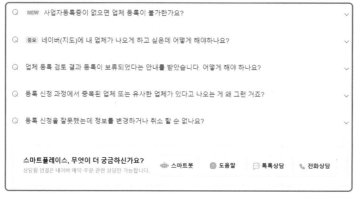

출처 : 네이버

좀 더 자세히 '네이버 스마트 플레이스'의 세팅 설정 방법에 대해서 배우기를 원한다면, 네이버에서 '네이버 스마트 플레이스 사업주 고객센터'를 검색 후 필요한 종목을 클릭해 정보를 얻을 수 있습니다. 업체를 등록하는 과정부터 네이버 예약 설정과 이용 방법까지 매우 상세한 가이드가 있습니다.

■ 스마트 플레이스 사업주 고객센터 ■

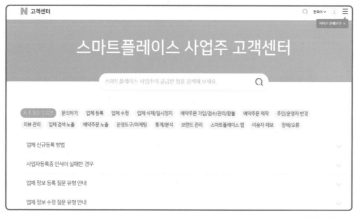

출처 : 네이버

네이버에서 제공하는 가장 좋은 스마트 플레이스 세팅 가이드입니다. 세팅하는 데 크게 어려움은 없지만 막히는 부분이 생긴다면, 이 고객센터를 참고하면 됩니다.

■ 펜션 정보를 입력해야 하는 공간 ■

출처 : 네이버

네이버 스마트 플레이스에 로그인하고 들어가면 여러 가지 정보를 입력하는 공간이 보입니다. 가장 먼저, 업체 정보를 입력하는 공간입니다. 펜션의 상호와 펜션을 소개하는 곳도 있고, 여러 장의 사진을 추가할 수 있는 공간도 있습니다. 그리고 '상세설명을 입력해주세요'도 있습니다.

많은 분이 업체 정보에 등록할 때 사진 몇 장으로 간단히 올리거나 광고를 대행해준 곳에서 플레이스를 세팅해준 그대로 사용하는 경우가 많은데, 이 공간은 매우 중요한 부분입니다. 펜션 정보를 잘 입력하면 경쟁 펜션보다 더 상단에 보일 가능성이 커지기 때문입니다. 이를테면 네이버에 '강릉 펜션'이라고 검색했을 때 수백 개의 펜션 중 더 앞쪽에 보일 수도 있습니다.

업체 정보에 사진과 글을 잘 등록하는 방법은 다음과 같습니다.

사진은 많이 올릴수록 좋고, 글도 많이 등록할수록 좋습니다. 네이버 시스템은 웹에 더 많은 데이터가 저장된 정보를 중요하다고 판단합니다. 그래서 사진을 많이 등록하는 것이 유리합니다. 그리고 업체 소개 글을 작성할 때도 글자 수를 늘려 채워 넣어야 합니다. 소개 글을 작성할 때는 검색에 유리한 키워드를 다양하게 넣는 것이 좋습니다.

이를테면 '강원도 여행지 강릉 펜션 홍길동 펜션은 경포 해수욕장 앞에 위치한 커플 펜션으로, 큰 수영장과 개별 수영장을 갖춘 예쁜 펜션입니다. 조식이 포함되었고…(중략)' 이런 식으로 소개 글을 작성했다면, 중요한 키워드가 여러 번 입력되었기 때문에 해당 키워드를 검색 시 좀 더 유리한 위치에 서게 됩니다. 소개 글 안에 강원도 여행지, 강릉 펜션, 경포 해수욕장, 커플 펜션, 수영장, 예쁜 펜션 등의 단어가 포함되어 있기 때문입니다.

물론 그 아래의 '대표 키워드를 입력해주세요' 공간에 소비자들이 네이버 검색창에 검색해볼 만한 단어들을 입력해놓습니다. 절대적이지는 않지만, 좀 더 유리한 위치에 설 수 있습니다. 이처럼 네이버 스마트 플레이스에 소개 글을 잘 써서 펜션 정보를 입력해놓았다면 다음과 같이 보입니다. 아래 이미지가 업체 정보에 입력한 후 소비자들이 검색했을 때 보이는 모습입니다.

■ 네이버 플레이스에 잘 등록된 펜션 정보 ■

출처 : 네이버

소비자는 이러한 모습을 마주한 후 '해당 펜션에 관심을 갖고 좀 더 깊게 알아볼 것인가?', 아니면 '이 화면에서 나간 후 다른 펜션을 검색해볼 것인가?'를 결정하게 됩니다. 그러니 이 공간에서 보이는 모습은 매우 신경 써서 잘 등록해야 합니다. 너무나도 중요한 자리입니다.

앞의 '네이버 플레이스에 잘 등록된 펜션 정보' 이미지는 PC에서 검색한 결과지만, 모바일(핸드폰)에서 검색한 결과도 거의 같습니다. 이 화면에서 빠르게 소비자의 관심을 끌려면 먼저, 자극적인 사진이 필요합니다. A부분에 PC에서는 3장의 사진이 보이고, 모바일에서는 2~3장의 사진이 보입니다. 이 공간에는 펜션을 대표할 만한 가장 매력적인 사진을 선택해서 앞쪽에 올려야 합니다. 네이버 스마트 플레이스 관리자 모드 내의 업체 정보를 입력할 때 사진의 순서를 바꿔서 정할 수 있습니다.

그럼 소비자들이 눈길을 줄 만한 매력적인 사진이란 어떤 것일까요? 펜션과 자연이 어우러진 멋진 전경을 담은 사진은 어떨까요? 많은 펜션이 그런 사진을 대표 사진으로 쓰고 있습니다. 하지만 이는 매우 잘못된 방법입니다.

■ 스마트폰의 작은 화면 안에서 볼 수 있는 매우 작은 펜션 전경 사진 ■

출처 : 저자 작성

아무리 멋진 경치에 둘러싸인 곳이라도 전체 전경을 담은 사진은 작은 화면에서 파악하기 어렵습니다. 더군다나 대부분 모바일(핸드폰)에서 검색을 많이 하는데, 손톱만 한 크기의 면적에 펜션 전체 전경을 담아 놓게 되면, 도무지 어떤 사진인지 한 번에 파악하기 어렵습니다. 그래서 보통 자극적인 사진을 올려놓으려면 색채감이 강한 사진, 적당히 크롭되어서 작은 화면에서도 한눈에 파악이 가능한 사진, 모델이 담긴 사진을 많이 씁니다.

풀빌라라면 풀빌라를 가장 멋지게 담을 수 있는 각도에서 촬영된 사진이 좋고, 그 사진에 멋진 모델이 서 있다면 더욱 좋을 것입니다. 거기에 더해서 사진의 색채감이 높다면 소비자들의 시선을 한 번 더 잡아둘 수 있게 됩니다. 애견 펜션이라면 강아지 모델이 포함된 사진이, 키즈 펜션이라면 아이들이 즐기는 사진이 들어가면 더 좋습니다. 그러니 '네이버 플레이스에 잘 등록된 펜션 정보' 이미지의 A공간 자리에는 멋진 사진보다는 자극적인 사진을 올려놓아야 합니다(제가 컨설팅한 펜션 중에는 남녀 전문 모델이 수영복을 착용하고 수영장에서 촬영 후 여러 부분에 노출한 일이 있었습니다. 이 방법은 한동안 자주 이용되었는데, 남녀 모델의 수영복을 사진은 항상 클릭률이 높았습니다. 인스타그램에 올릴 사진도 아름다운 전문 모델을 섭외해 수영복 촬영을 했고, 그 사진을 인스타그램에 몇 건 올리는 방식으로 계약을 진행하기도 했습니다).

그럼, '네이버 플레이스에 잘 등록된 펜션 정보' 이미지에서 두 번째로 시선이 닿는 공간이 어디일까요? 바로 B자리입니다. 네이버 평점(4.87)이 있고 방문자 리뷰 수(418), 블로그 리뷰 수(137)가 있습니다. 소비자는 일단 이 부분을 보고 펜션이 좋은지 안 좋은지를 먼저 판단하게 됩니다. 그러니 방문자 리뷰 수와 블로그 리뷰 수는 많으면 많을수록 좋습니다. 펜션 컨설팅을 하다 보면 참 다양한 펜션을 만나게 됩니다. 그중 평점도 낮고 리뷰 수도 매우 낮은 펜션을 마주할 때도 많습니다. 그런 펜션을 운영하는 사장님께 "왜 리뷰 수가 적습니까?"라고 물으면 "오픈한 지 얼마 안 되었으니 리뷰가 없는 게 당연한 거 아닙니까?"라고 답하는 분들도 있습니다.

그런데 소비자는 그렇게 생각하지 않습니다. 소비자는 펜션이 어제 오픈했는지, 10년 전에 오픈했는지 관심이 없습니다. 그저 리뷰가 많으면 좋은 펜션, 리뷰가 적으면 안 좋은 펜션이라고 판단합니다. 그러니 내가 운영하는 펜션은 오픈한 지 얼마 안 되었으니 리뷰 수가 적은 것을 소비자들이 이해해줄 것이라는 착각은 하지 말아야 합니다. 영업을 제대로 하기 위한 준비를 해야 합니다. 여행지에 가서 출출해져 식당에 가야 할 때, 손님들 차량으로 주차장을 가득 채운 식당에 들어가서 식사를 하겠습니까? 아니면 식당에 손님 하나 보이지 않는 식당으로 들어가겠습니까? 이것이 바로 마케팅의 '밴드왜건 효과'입니다.

'밴드왜건 효과'가 제대로 발동하려면 리뷰 수는 무조건 늘려놓아야 합니다. 그런데 네이버 평점과 방문자 리뷰는 네이버 예약을 통해서 예약한 소비자들만 작성할 수가 있습니다. 그러니 네이버 평점과 방문자 리뷰에 후한 점수를 받기 위해서 펜션에 놀러 온 손님들에게 작은 혜택이라도 주면서 높은 점수와 좋은 리뷰를 요청해야 합니다. 하지만 이 역시도 신규 펜션의 경우 빠르게 리뷰 수를 늘리기에는 한계가 있습니다. 그렇기에 리뷰가 쌓일 수 있도록 지인들을 총동원해서 도움을 받아야 합니다.

'네이버 플레이스에 잘 등록된 펜션 정보' 이미지의 C부분은 간단히 펜션을 소개하는 자리입니다. 간혹 이 자리에 아무런 설명 문구도 없거나 별 의미 없는 문장으로 채워진 경우도 많이 봅니다. 이 부분은 짧게 펜션을 어필할 수 있는 공간이기 때문에 꽤 많은 고민을 해서 작성해야 합니다.

홍길동 펜션 : 자연 속에서 사랑하는 사람과 힐링하세요

예를 들어, 이런 식의 문장은 있으나 마나 한 소개 글입니다. 하지만 이렇게 감성적인 글로 작성된 소개 글이 대부분입니다. 소개 글에는 소비자들이 원하는 시설이나 분위기 등을 적어놓는 것이 좋습니다. 글을 작성할 때는 대상을 명확하게 해야 합니다. 즉, '누구에게 판매할 것인가?'를 결정한 후에 작성되어야 합니다.

글만으로도 소비자가 크기를 가늠할 수 있도록 수치가 들어가는 것도 좋습니다. 그리고 펜션의 이미지를 상상할 수 있도록 5성급 호텔, 하와이, 보라카이, 발리, 스위트룸 등 소비자들의 머릿속에 저장된 긍정적인 단어를 사용하는 것도 방법입니다.

이를테면 다음과 같습니다.

- 프라이버시가 100% 지켜지는 개별 바비큐장과 전 객실 바다 전망
- 8m의 대형 개인 온수 풀장을 갖춘 럭셔리 풀빌라
- 발리 힐튼 호텔의 스위트룸을 오마주해서 제작한 가평 럭셔리 스테이
- 바닷가 10m 앞에 위치한 펜션

설명 문구는 3~4일이 지나면 몇 번이고 변경할 수 있으니 종종 변경

해주는 것이 좋습니다. 최소한 연 4회 정도 변경하는 것을 추천하며, 계절별 시즌에 맞는 단어를 넣어 구매율을 높일 수 있도록 해야 합니다.

〈시즌별 변경하면 좋은 단어들〉
- 봄 : 봄 여행지, 오리엔테이션, MT, 벚꽃 여행
- 여름 : 여름 피서지, 여름 휴가, 계곡 여행, 바다 여행, 해수욕장
- 가을 : 가을 여행, 단풍 여행, 트레킹, 등산
- 겨울 : 겨울 여행, 스키 여행, 빙어 낚시, 겨울 등산, 겨울 바다 등

〈계절별 어울리는 설명 문구〉
- 봄 : 강원도 평창 위치, 봄 여행을 하기 좋은 MT단체 전문 펜션('강원도 펜션, 평창 펜션, 봄 여행, MT 펜션, MT 여행, 단체'의 단어가 노출될 가능성이 큼)
- 여름 : 강원도 평창 펜션, 여름 휴가를 위한 계곡 여행 장소, 가족 여름 피서지('강원도 여행, 평창 펜션 평창 여행, 여름 휴가, 계곡 여행, 가족 여행, 여름 피서'의 단어가 노출될 가능성이 큼)
- 가을 : 강원도 평창 펜션, 오대산 단풍 여행과 등산하기 좋은 가을 여행지('강원도 여행, 강원도 펜션, 평창 펜션, 오대산 펜션, 단풍 여행, 등산, 오대산 등산, 가을 여행'의 단어가 노출될 가능성이 큼)
- 겨울 : 강원도 평창 펜션, 휘닉스파크 인근, 스키장, 빙어 낚시 가능('강원도 펜션, 평창 펜션, 휘닉스파크, 스키, 빙어낚시'의 단어가 노출될 가능성이 큼)

위의 문구는 강원도 평창의 펜션을 예로 들어 설명해놓은 것입니다. 각자의 펜션 위치와 콘셉트에 맞는 설명 문구로 바꿔보길 바랍니다.

작성된 카피는 플레이스 외에 인스타그램 프로필, 블로그 프로필, 홈

페이지, 에어비앤비, 야놀자, 여기어때 등 노출할 수 있는 모든 공간에 노출해야 합니다. 지나치다 싶을 정도로 반복해서 인터넷 곳곳에 등록해 소비자를 지속해서 설득해야 합니다. 그래야만 소비자는 아주 조금씩 해당 펜션을 이해하기 시작할 것입니다.

판매를 잘하기 위해서는 소비자에게 내 상품을 가장 알기 쉽게 이해시키는 것부터 시작해야 합니다. 사실 이는 모든 마케팅 글쓰기에 적용할 수 있는 방법입니다. D는 펜션의 홈페이지와 블로그, 인스타그램 등을 등록하는 자리입니다. 펜션에서 운영하는 것 중에서 가장 멋지고 자신 있는 공간을 가장 위쪽에 보일 수 있도록 링크를 걸어놓습니다. 보통은 홈페이지, 인스타그램, 블로그 등의 순으로 등록합니다.

마지막으로 스마트 플레이스에 펜션 등록 시 매우 강력하고 영업 효과가 큰 방법이 하나 있습니다. 바로 '새로 오픈했어요'입니다. '새로 오픈했어요'에 등록하면 광고 비용을 지불하지 않아도 네이버에서 메인에 한동안 노출을 시켜줍니다. 광고비로 계산한다면 수십에서 수백만 원에 해당할 만큼 많은 노출을 해주기에 효율적으로 활용하는 것이 좋습니다.

'새로 오픈했어요'는 개업한 지 90일이 넘지 않은 신규 업체를 소개하는 서비스입니다. 대상은 여러 업종이 있지만, 숙박·민박에 관련된 곳을 소개하자면 펜션, 민박, 여관, 게스트하우스, 캠핑장, 한옥 스테이 등이 있습니다. 하지만 호텔, 모텔, 레지던스는 '새로 오픈했어요'에 등록할 수가 없습니다.

노출 조건은 다음과 같습니다.

① 개업일의 90일 이내에 스마트 플레이스에 등록하거나, 등록된 업체
② 개업일이 90일 이내로 표기된 사업자등록증 또는 사업자등록증명을 제출한 업체
③ 가격 정보(메뉴) 및 업체 사진 최소 1건 이상 입력한 업체

이 중 하나라도 누락된다면 노출되지 않습니다. 매우 중요한 광고 자리니 신규 펜션이라면 꼭 등록해야 합니다.

자세한 내용은 네이버 고객센터 웹에서 확인할 수 있습니다.

2. 네이버 플레이스 상단 노출 노하우
– 운영과 분석 편

펜션을 예약하는 경로는 정말 다양합니다. 블로그, 인스타그램, 에어비앤비, 틱톡, 야놀자, 여기어때 등, 이런 대표적인 곳들 외에도 여러 플랫폼에서 펜션 홍보 콘텐츠를 마주할 수가 있습니다. 그런데 소비자가 우연히 가고 싶은 펜션을 발견했다면, 그 자리에서 바로 예약할까요?

인스타그램에서 노출된 모습이 너무나도 강렬하다면 바로 예약할 수도 있을 것입니다. 그런데 대부분의 펜션들은 그렇게 표현하지 못하고 있습니다. 그래서 인터넷 곳곳, 소비자들이 확인해볼 가능성이 큰 곳에

구매 전환을 높일 장치를 해두어야 합니다.

소비자는 좋은 펜션을 발견했다고 해도 좀 더 신중하게 알아보기 위해서 더 많은 정보를 찾아보게 됩니다. 인스타그램에서 관심 있는 펜션의 사진이 얼마나 등록되어 있고 인기가 있는지 체크해볼 수도 있고, 네이버에 검색해서 펜션의 정보를 얻을 수도 있습니다.

네이버 플레이스에 올라온 방문자 리뷰 수와 블로그 리뷰 수를 보고 인지도를 보고 판단하기도 하고, 플레이스에 써 있는 문구나 사진을 보고 관심 펜션의 예약 여부를 결정하게 될 것입니다. 물론 여기서 홈페이지가 있다면 홈페이지로 들어가서 더 많은 사진을 확인하고 홈페이지를 통해 예약할 수도 있을 것입니다. 이런 경로로 홈페이지에서 예약을 한다면, 예약 대행사에 수수료를 지불할 필요가 없어지니 매우 큰 이익이 되는 셈입니다.

만약 네이버 플레이스를 매력적으로 잘 꾸며놓고 펜션에 대한 충분한 설명이 있다면, 네이버 예약을 통해 바로 예약할 수도 있습니다. 네이버 플레이스는 네이버 예약과 연동되어 한 번에 간편하게 예약이 가능하기 때문입니다. 요즘 소비자들은 신용 카드뿐만 아니라 네이버 N페이, 카카오페이 등을 많이 씁니다. 그러므로 네이버 플레이스는 멋진 홈페이지에 준하는 수준까지 사진과 글을 상세하게 등록해야 합니다.

그런데 앞서 인스타그램에 대해 이야기했듯이, 대부분 펜션은 네이버 플레이스마저도 매력적으로 꾸미지 못하는 경우가 많습니다. 그래서 전문가의 힘을 이용해서 매력적인 홈페이지를 만들게 되는 것입니다.

그럼 어떻게 해야 네이버 플레이스를 더 매력적으로 꾸밀 수 있을지 알아보겠습니다.

많은 분들이 제품을 잘 만들어놓으면 고객들이 알아서 찾아와줄 거라고 믿고 있지만, 사실은 그렇지 않습니다. 장사를 해보셨던 분들은 잘 알고 있을 것입니다. 중요한 것은 주목입니다. 소비자의 주목을 받아야 합니다.

경쟁이 치열한 펜션 사업은 이미 레드오션 사업입니다. 소비자가 선택할 수 있는 펜션은 정말 수없이 많습니다. 그렇기 때문에 먼저 수백, 수천 개의 펜션 중에서 주목을 받아야 합니다. 주목받기 위한 노력을 한 후, 만약 소비자의 시선이 내 펜션에 머물렀다면 그때 펜션에 관한 이야기를 상세하게 해도 됩니다.

그럼 이 단순한 원리를 네이버 플레이스에 적용해보겠습니다. 그런데 그 전에 먼저 알아야 할 것들이 있습니다. 어떻게 해야 펜션 플레이스가 더 상위에 오르고 네이버 검색에 자주 노출이 될까요? 좋은 네이버 플레이스가 만들어지면 됩니다. 그렇다면 좋은 네이버 플레이스는 어떻게 만들어지는 것일까요?

첫째, 소비자들이 해당 펜션의 네이버 플레이스에 자주 방문해야 됩니다.

즉, 조회 수가 늘어나야 합니다. 방문을 유도해서 클릭하도록 하는 방법은 여러 가지가 있습니다. 뒤에서 자세히 설명하겠습니다.

둘째, 꾸준히 리뷰가 만들어져야 합니다.

네이버는 네이버 서비스를 폭넓게 사용하는 플레이스를 좋은 페이지라고 인지하고 지수를 더 높여줍니다. 그렇기에 가끔 진상 고객들이 남긴 리뷰 때문에 속이 상하더라도 될 수 있으면 리뷰를 열어놓고 관리를 하는 것이 좋습니다. 처음 오픈한 펜션이라면 이 리뷰를 늘리기 위해서 고객들에게 아낌없이 퍼줘야 합니다. 리뷰를 남기면 선물을 하나 주는 방식입니다.

셋째, 스마트콜을 받는 것입니다.

스마트콜 횟수도 네이버 플레이스 지수를 얻는 방법 중 하나입니다. 스마트콜은 플레이스에 네이버 스마트콜을 등록하면 번호가 자동으로 생성되고, 그 전화로 받아야 콜 횟수가 증가됩니다.

물론 관계자가 아닌 이상 네이버의 알고리즘을 모두 알고 있는 사람

■ 네이버 스마트콜 통계 이미지 ■

통화 통계

통화 요약 **일별 통화**

날짜	전체	08.14	08.13	08.11	08.10	08.08
총 통화 수	11회	2회	4회	1회	3회	1회
매장 연결	10회	2회	3회	1회	3회	1회
ARS 응대	0회	0회	0회	0회	0회	0회
실패-부재중	1회	0회	1회	0회	0회	0회
실패-통화중	0회	0회	0회	0회	0회	0회
평균 통화시간	1분 2초	0분 55초	0분 50초	1분 57초	0분 41초	1분 58초
10초 이상 통화	10회	2회	3회	1회	3회	1회

출처 : 네이버

은 없습니다. 다만 네이버에서 이렇게 카테고리까지 만들어놓고 보여주는 것을 보면 콜 횟수도 매우 중요할 거라고 생각합니다. 이 콜 횟수를 늘리는 방식은 그리 어렵지 않습니다. 스마트콜은 펜션의 전화번호가 아닌, 네이버 스마트콜 번호로 전화를 받아야 합니다. 050X로 시작되는 전화번호입니다. 고객이 그 번호로 전화를 하도록 해야 합니다.

홈페이지나 블로그, 인스타그램 등에 펜션 사업장의 전화번호를 넣는 것이 보통이지만, 네이버 스마트콜 번호로 전화를 하도록 유도하기 위해서 지금 열거한 모든 공간에 네이버 스마트콜 번호를 연결하는 것도 방법입니다. 그래서 저는 펜션 사장님들에게 전화할 때 스마트콜로 자주 전화를 합니다. 대단한 영향을 미치지는 않겠지만 작고 사소한 것부터 의식한다면 더 발전할 수 있을 거라는 기대 때문입니다.

넷째, 예약, 주문 신청입니다.

이것은 너무 당연한 이야기죠. 이미 네이버 플레이스 안에 네이버 예약은 통합되어서 보이고 있고, 네이버 예약 건수는 네이버 플레이스에 상당한 영향을 미칩니다. 그래서 최근에는 이 부분을 가짜로 늘려주는 업체가 굉장히 많이 성행하는 것으로 보입니다. 물론 돈을 주고 가짜 리뷰를 늘리는 방식도 있지만, 최근에는 이런 부분을 모두 네이버 시스템에서 적발해내고 있고, 적발되면 의심되는 리뷰가 모두 사라지게 되니 굳이 그런 방법까지 사용하는 것을 추천하기는 어렵습니다.

네이버 예약 숫자를 늘려 네이버 플레이스와 예약 부분 지수를 더 얻기 위한 가장 효과적인 방법은 펜션 홈페이지의 예약 시스템을 네이버 예약으로 붙여서 사용하는 것입니다.

네이버 예약 달력은 소비자가 한눈에 보기 어려울 수도 있으니 객실 수가 많은 펜션은 종전의 방식을 사용하고, 객실 수가 적은 펜션이라면 홈페이지의 실시간 예약 달력을 네이버 예약으로 쓰는 것도 좋은 방법이 될 수 있습니다. 수수료는 타 제휴업체에 비해서 조금 낮고, 네이버 플레이스와 실시간 예약 부분에 좋은 영향을 미치기 때문에 이런 방식은 한 번쯤 고려해볼 만합니다.

다섯째, 플레이스 체류 시간입니다.

볼거리가 많아야 합니다. 그래야 내 펜션 플레이스에 들어와서 사진이나 글 등을 오랜 시간 확인하게 되고, 이는 곧 체류 시간으로 이어지기 때문입니다.

여섯째, 페이지뷰입니다.

이는 체류 시간과도 관계가 있습니다. 일단 플레이스에 들어와서 이것저것 많이 클릭해보도록 유도해야 합니다. 클릭하고 싶은 사진과 글이 많아야 합니다. 상세한 객실 정보, 플레이스 공지, 이벤트 객실과 같은 상품을 따로 만들어서 한 번이라도 더 클릭하고 싶도록 만드는 것이 중요합니다.

이 외에도 네이버 플레이스는 여러 가지 영향을 받습니다. 가장 기본이 되는 것은 먼저 소비자들이 내 네이버 플레이스에 들어오도록 하는 것입니다. 일단 방문하도록 만들어야 하는데, 여러 방법 중 가장 기본적인 방법 5가지를 소개하겠습니다.

① 자극적인 이미지
② 구체적인 설명 문구
③ 많은 사진 등록
④ 키워드를 포함한 글 작성
⑤ 플레이스 링크 공유

그럼 ①부터 하나씩 풀어서 설명해보도록 하겠습니다.

첫 번째는 자극적인 이미지 사용입니다.

책의 앞에 간단히 설명한 내용이지만 조금 더 구체적으로 설명해보겠습니다. 이 부분은 사실 가장 기본적인 내용인데, 이것을 놓치는 분들이 생각보다 너무 많습니다.

네이버에서 펜션을 검색해서 플레이스를 보면 PC 화면에서는 3장의 사진이, 스마트폰에서는 2장의 사진이 보입니다. 이 앞쪽에 보이는 사진은 가장 자극적이어야 합니다.

초록수채화펜션

★ 4.86 · 방문자 리뷰 577 · 블로그 리뷰 262

8월16일부터 조식 제공합니다~!!

| 길찾기 | 거리뷰 | 저장 | 공유 |

객실예약   문의

강원 양양군 현북면 법수치길 405-20 ∨ 지도

0507-1379-7576 ⓘ

http://www.soochaehwa.com/
인스타그램 · 블로그

수영장, 조식제공, 픽업, 바비큐장, 와이파이, 복층, 개별바비큐, 계곡, 해수욕장, 2인실, 가족...

정보 더보기 >

출처 : 네이버

그런데 아직도 펜션 건물 전체를 화각 안에 잡은 사진을 올려놓거나 어떤 사진인지 잘 보이지도 않는, 멀리서 촬영한 사진을 올려놓는 경우가 너무 많습니다. 여기 들어가는 사진들은 크기가 굉장히 작습니다. 특히 스마트폰에서 검색해보면 정말 손톱만큼 작은 사진 2장이 달랑 있는 것입니다. 그러므로 여기에는 전체 전경을 촬영한 사진을 써서는 안 됩니다.

어떤 분들은 객실 창가에서 볼 수 있는 낙조가 멋있다고 바닷가로 떨어지는 태양을 메인 사진으로 올려놓는데, 이런 방식은 별 의미가 없습니다. 낙조가 아니라 소비자가 구입할 수 있고, 사용할 수 있는 범위 내의 시설들을 소개해야 합니다. 즉, 구입해서 사용할 수 있는 것이어야 하는 것입니다. 펜션 전체가 아니라 내 방이 중요하고, 넓은 가든이 아니라 내 바비큐장이 중요한 것입니다. 그것을 인터넷에 노출시켜야 합니다.

좀 더 부연 설명을 하자면, 펜션의 장점을 가장 잘 노출할 수 있는 사진을 골라야 합니다. 풀빌라라면 풀장을 가장 멋지게 촬영한 사진이 될 테고, 바비큐장이 예쁜 펜션이라면 경쟁업체들보다 바비큐장을 더 멋지게 연출하고 촬영해서 올려야 합니다.

■ 필자의 컨설팅을 받아 세팅한 펜션의 바비큐장 사진 ■

출처 : 해당 펜션 홈페이지

물론 객실이 예쁜 펜션이라면 예쁜 객실 사진을 올려놓으면 됩니다. 이런 사진을 잘 선택했다면 그중에서도 색의 대비가 강한 사진, 클로우즈업된 사진을 이용해서 클릭률을 높여야 합니다. 소비자는 보통 스마트폰에서 검색하는데, 손톱만큼 작은 사진을 보려면 일단 형태가 잘 보이는 사진이어야 할 것입니다.

　저는 예전에 정말 너무 보여줄 게 없어서 예쁜 곰 인형을 하나 사서 그것을 펜션 곳곳에 배치한 다음에 사진을 찍어서 네이버 플레이스 상단이나 인스타 프로필 등 여러 광고 플랫폼에 노출시켰던 적도 있었습니다.

　아무튼 눈에 띄는 이런 사진들 덕분에 여러 부분에서 클릭률이 이전보다 좀 더 높아지게 되었습니다. 물론 이 곰인형은 펜션과 큰 상관은 없지만, 일단 주목받는 것이 우선입니다. 동대문 시장 같은 곳에서도 보면 상인이 좋은 제품을 팔고 있으면서도 큰 소리로 "골라! 골라!"를 외치는 것과 마찬가지입니다. 레드오션 비즈니스에서는 무조건 눈에 띄는 게 우선입니다.

■ 필자가 펜션을 운영하던 시절에 촬영한 사진 ■

출처 : 저자 작성

두 번째는 구체적인 설명 문구를 사용해야 합니다.

예를 들어보겠습니다.

홍길동 펜션

바다 전망이 아름다운 곳에서 사랑하는 사람과 힐링하기 좋은 펜션

이런 식의 설명 문구는 좋지 않습니다. 소위 마케팅 글쓰기를 하기 위해 감성적인 단어와 문장을 사용하기도 하지만, 보통은 소비자, 즉 글을 읽는 사람이 어떤 이익을 취할 수 있는지가 명확해야 소비자가 반응합니다. 즉 소비자가 쉽게 반응하기 좋은 글을 써야 합니다.

'아름답다, 힐링, 사랑하는 사람', 이런 단어에 즉각적으로 반응할 만큼의 정보를 사람들이 머릿속에 담고 있을까요? 오히려 '할인, 돈, 대박, 원 플러스 원' 등의 단어가 더 즉각적인 반응을 이끌어내지 않을까요?

펜션을 소개하는 설명 문구는 매우 구체적이어야 합니다.

만약 친구들에게 새로운 연인을 소개한다고 가정해봅시다.

"그 남자는 키는 중간 정도에 우수에 찬 눈빛을 갖고 있고 남자다운 매력이 있는 멋진 사람이야"라고 소개하는 것보다 "눈빛이 제임스 딘(James Byron Dean)하고 닮은 사람이야" 또는 "김태희하고 비슷하게 생겼어"라고 소개하는 것이 듣는 사람으로 하여금 더 빠르고 쉽게 이해시킬 수 있는 방법이라는 것입니다.

펜션도 마찬가지입니다. 짧은 소개 글을 이용해서 주목받고 싶다면 소비자들의 눈높이에 맞춰서 소비자들이 이해할 수 있는 범위 안의 사례를 들어 설명해야 합니다. 물론 펜션의 대표 키워드를 섞어서 작성해야 하는 것은 기본입니다.

세 번째는 사진을 많이 등록해야 합니다.

출처 : 저자 작성

스마트 플레이스 설정 화면에서 보면 '기본정보' 안에 업체 사진을 등록시키는 곳이 있습니다. 여기에 될 수 있으면 많은 사진을 집어넣는 것이 좋습니다. 사진을 많이 집어넣으면 데이터는 그만큼 쌓이게 됩니다.

우리는 서점에 가서 책을 고를 때 얇은 책과 두꺼운 책 중 두꺼운 책이 좀 더 많은 정보를 담고 있을 거라고 예상하게 됩니다. 이와 같은 원리라고 생각하시면 됩니다. 더 많은 데이터가 축적되어 있는 플레이스를 중요한 정보라고 인지합니다. 그러므로 사진을 많이 넣어야 합니다. 관련 정보를 담고 있어야 하는 것이 포인트입니다.

당연히 예쁘고 멋진 사진 위주로 올려야 되지만, 중요한 몇몇 사진들은 테마가 있는 사진도 함께 올리는 것이 좋습니다. 이제는 AI 검색이 함께 이루어지기 때문입니다. 예를 들어, 네이버 큐(cue:) AI 검색으로 '예쁜 아기 사진'이라고 검색하면 AI가 태그를 이용해서 찾아주는 것이 아니라, AI가 스스로 학습해서 아기 얼굴을 찾아서 보여줍니다. 앞으로 많은 검색이 이와 같은 방식으로 변화해갈 것입니다. 그렇기에 AI에게 인식되는 사진을 웹에 올려야 합니다.

만약 '생일 파티하기 좋은 펜션' 또는 '생일 파티하기 좋은 곳'이라고 검색했을 때 검색 결과로 보이길 바란다면, 케이크에 불을 붙여 생일 파티를 하는 모습을 보여주는 것이 좋습니다. 그 외에도 키즈 펜션은 아이들이 펜션에서 노는 사진, 단체 펜션은 멤버들이 즐기는 사진들을 올려놓는 것이 앞으로 AI 검색이 더 발전했을 때를 대비한다면 좀 더 유리하게 작용할 것입니다.

네 번째는 키워드를 포함한 글을 작성해야 합니다.
스마트 플레이스의 업체 정보 안에 상세설명 글을 작성할 때는 아름답고 멋진 문장보다 구체적인 문장을 사용하는 것이 좋습니다. 커플 펜션이라면 '아름답다', '힐링하다', '예쁘다' 등의 단어들보다 커플 여행에 어떤 점들이 좋은지를 구체적으로 적어 넣는 것이 좋습니다. 키즈펜션이나 가족 펜션이라면 왜 아이들이 즐기기 좋은 펜션인지, 또는 왜 가족 여행자들이 즐기기 좋은지를 명확하게 적어주는 것이 검색에 유리합니다.

가족 여행자들이 즐기기 좋은 시설들을 나열하는 것도 방법입니다. 그리고 그 글 안에는 노출하고자 하는 키워드가 포함되어 있어야 합니다. 보통 하나의 펜션 정보를 업로드할 때 키워드를 2~3개 정도 노출시키게 됩니다.

커플 펜션이라면 당연히 커플 펜션이라는 단어 외에 '커플 여행', '예쁜 펜션', '커플 풀빌라', '프러포즈', '생일파티'와 같은 여러 단어를 사용할 수 있을 것입니다. 키워드만 쭉 나열하는 방식은 바람직하지 않고, 키워드를 문장에 자연스럽게 녹아들게 작성해야 합니다.

단, 주의해야 할 것이 하나 있습니다. 네이버 큐를 사용해보신 분들은 아시겠지만, 이제 큐 외에도 네이버의 전반적인 검색 노출 방식이 AI 검색 기반으로 변화할 가능성이 매우 큽니다. 지금도 일부 그렇게 보이고 있기도 합니다.

그렇기 때문에 작성된 글을 판단하는 AI가 더 쉽고 빠르게 이해하도록 작성해야 합니다. 시간이 흐르면 AI도 유행어나 비속어 등을 이해하겠지만 현재는 되도록 비속어, 유행어나 감탄사 같은 것을 많이 사용하지 말고 맞춤법에 맞는 깔끔한 글을 작성하는 것이 검색에 유리합니다. 글을 다 쓴 후에는 네이버 맞춤법 검사기와 같은 툴을 이용해서 한 번 글을 거른 후에 등록하는 것도 방법입니다.

마지막으로 플레이스 링크 공유입니다.

소비자들이 해당 펜션의 네이버 플레이스에 자주 방문하도록 하는 방법은 너무나도 많습니다. 플레이스 방문 횟수가 많아지면 플레이스 는 좋은 플레이스, 인기 있는 플레이스로 인식됩니다. 그렇기 때문에 무조건 방문 횟수를 늘리는 것이 좋습니다.

요즘에 보면 펜션 측과 전화 통화 후 바로 펜션을 소개하는 자동 문자가 전송되도록 하는 곳들도 많습니다. 그런 문자를 보면 대체로 홈페이지를 링크해놓는 경우가 많은데 이제는 바꾸는 것이 좋습니다.

이유는 다음과 같습니다. 오래전에는 네이버에서 강릉 펜션이나 태안 펜션 같은 키워드를 검색하면 홈페이지가 전면에 검색 결과로 보였지만, 지금은 그렇지 않습니다. 그렇기에 만약 그런 자동 문자를 사용한다면 홈페이지보다는 플레이스 링크를 공유하는 게 좋습니다. 어차피 플레이스 안에 홈페이지가 보이기 때문입니다.

물론 자동 문자가 아닌 경우라도 손님이 펜션에 문의 전화를 해온 후에 좀 더 상세한 정보를 보시라는 의미로, 손님에게 펜션의 플레이스 링크를 문자로 보내도 좋습니다. 제가 컨설팅하는 분들에게는 꼭 이런 방식에 대한 조언을 해드리고 있습니다. 이것이 생각보다 구매 전환율을 높이는 데 중요한 역할을 하고 있습니다.

인스타그램 프로필이나 블로그 등의 링크를 적을 수 있는 공간에도 플레이스를 링크해두면 더 많은 방문자를 플레이스로 유입시켜 더 인기 있는 플레이스가 될 수도 있습니다. 체험단 블로거들에게도 글 작성 안내를 할 때 플레이스 링크를 등록해달라고 하는 것이 좋습니다. 아직 이런 노출 방식을 취하지 않은 펜션 사업자라면 앞으로 해야 할 일이 꽤 많을 것입니다. 번거롭더라도 꼭 필요한 부분이니 해결해보길 바랍니다.

아직도 상품의 퀄리티가 좋으면 고객이 알아서 구입할 거라고 생각하고 있는 분들이 있다면, 생각을 바꿔야 합니다. 지금처럼 포화 경쟁 상태에서는 고객이 내 상품의 수준을 제대로 인지하기 어렵다는 것을 꼭 기억해야 합니다. 일단은 주목입니다.

3. 네이버 예약 상단 노출하는 법

이제 펜션을 네이버 예약 시스템에 입력해야 합니다. 그리고 네이버에서 결제가 이루어지도록 N페이도 예약과 연결해야 합니다.

네이버 예약 등록에 대한 자세한 가이드는 '네이버 고객센터'에서 확인할 수 있습니다.

네이버 고객센터
https:// help.naver.com/service/11712/category/5418?lang=ko

네이버 예약은 야놀자, 여기어때, 에어비앤비처럼 예약 대행 제휴업체라고 생각하면 됩니다. 당연히 매력적인 사진과 소비를 자극할 수 있는 좋은 글을 사용해서 네이버 예약을 세팅해야 합니다.

네이버 예약을 세팅하고 실시간 예약을 설정했다면, '해당 지역명+상호펜션'이라고 검색했을 때, 상단에 보일 가능성이 열리는 것입니다.

■ 스마트폰으로 본 펜션 실시간 예약 ■

출처 : 네이버

하지만 해당 지역에 경쟁 펜션이 많으면 많을수록 상단에 노출될 가능성은 점차 낮아집니다. 그래서 펜션 운영자는 펜션을 실시간 예약 상단에 노출되게 하기 위해서 많은 노력을 하고 있습니다. 네이버에서는 이 부분에 상단으로 올라가는 알고리즘을 당연히 알려주지 않지만, 여러 경험과 상식을 통해 상단에 노출하게 되는 몇 가지 방법을 유추해볼 수 있습니다.

먼저 네이버 예약으로 예약한 고객 수가 지속적이고 높아야 합니다. 네이버 평점과 방문자 리뷰는 네이버 예약이나 영수증 리뷰로 등록한 사람들만 작성할 수 있기 때문에 네이버 예약을 통해 고객을 유입시키는 것이 리뷰를 늘리는 가장 좋은 방법이 됩니다. 하지만 네이버 예약은 일정 금액의 수수료를 냅니다. 그래서 그 수수료가 아까워서 네이버 예약을 잘 활용하지 않는 펜션도 있지만, 네이버 예약은 적극적으로 활용하는 것이 유리합니다.

펜션 홈페이지를 제작할 때 홈페이지 제작업체에서 실시간 예약 달력을 어떤 것을 붙일지 묻습니다. 떠나요 달력, 야놀자 달력, 그 외 타업체들의 실시간 예약 달력들도 있습니다. 그런데 만약 영업 초기에 네이버 예약 건수와 네이버 리뷰 수를 빠르게 늘리기를 원한다면, 초기에는 네이버 예약을 통해 예약과 리뷰 수를 늘려가다가 어느 정도 자리를 잡게 되면 수수료를 내지 않는 펜션 실시간 예약 달력을 붙여도 됩니다.

하지만 이렇게 한다고 해서 네이버 예약과 리뷰 수가 급격히 늘지는 않습니다. 비수기 평일에도 만실이 되는 펜션도 있지만, 보통 펜션은 그렇지 않습니다. 펜션을 보통 '주말 장사'라고 이야기합니다. 만약 5개의 객실을 운영하는데, 5개 객실 모두 네이버 예약으로 채웠다면, 한 주에 네이버 리뷰를 5개 만들 가능성이 있습니다. 하지만 5팀 모두 리뷰를 남겨주지는 않습니다. 5팀 중 3팀이 리뷰를 남겼다고 가정해도 한 달이면 12개 리뷰가 남는 것입니다. 개업하고 석 달을 운영해도 36개의 리뷰만 남겨지는 것입니다. 같은 지역에 리뷰가 200~300개에 달하는 펜션이 있다면 아마도 짧은 기간 내에 그 펜션을 뛰어넘기 어려울 것입니다. 30~40개의 리뷰 정도로는 네이버에서 좋은 점수를 얻기 힘듭니다. 그래서 광고 대행사에 많은 돈을 주고 네이버 리뷰를 늘리는 작업을 하는 펜션도 있는데, 사실 이러한 작업은 스스로 할 수 있습니다.

지인한테 네이버 예약으로 펜션을 예약해달라고 부탁할 수도 있습니다. 지인에게 결제까지 부탁하기 어려우니 지인 펜션을 예약할 때 카드 결제가 아닌 무통장 입금 방식으로 예약하고, 지인이 예약을 마치면 펜션 업주가 직접 무통장 입금 방식으로 결제하면 됩니다. 이런 방식이라면 네이버 아이디가 있는 모든 지인의 도움을 받을 수 있습니다. 즉, 네이버 아이디가 많다면 얼마든지 네이버에 예약을 넣을 수 있습니다. '만약 지인 아이디가 10개뿐이라면 리뷰를 10개만 달 수 있는 건가?' 하고 생각할 수도 있지만 그건 아닙니다. 더 많은 리뷰를 달 수 있습니다.

네이버 예약을 통해 여러 번 예약하는 소비자도 분명히 있기 때문입니다. 하나의 아이디로 1년에 2~3번은 남길 수 있습니다. 문제는 수수료입니다. 네이버 예약은 실시간 예약 시스템 수수료와 N페이 결제 수수료를 합하면 약 10% 정도가 됩니다. 1박에 50만 원짜리 독채 펜션을 네이버 예약으로 예약하고 리뷰를 남긴다면, 10%에 해당하는 5만 원이 들어가는 셈입니다.

물론 객단가를 일시적으로 낮춰서 결제하면 되지만, 이런 방식보다는 네이버에서 정상적으로 제공하는 기능으로 네이버 예약과 리뷰를 늘리는 방식이 좋습니다. 객단가를 일시적으로 낮춰 지인에게 부탁하는 것보다는 '리뷰 달기 이벤트'를 조건으로 일반 고객에게 파격가로 '오늘의 핫딜'로 제공하는 것입니다.

■ 예약 상품 ■

네이버 스마트 플레이스에 로그인한 후 예약으로 들어갑니다. 예약 상품으로 가서 네이버 예약 작업을 할 객실을 선택합니다.

네이버 예약을 넣을 날짜를 선택합니다.

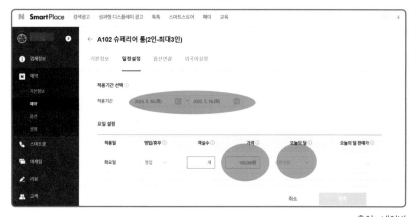

　적용 기간을 하루로 정해놓습니다. 위의 이미지에서는 10만 원으로 표기되어 있지만, 이 금액을 5만 원으로 할 수도 있고 1만 원으로 정할 수도 있습니다. 그런데 객실 가격을 변경하기가 껄끄럽다면 '오늘의 딜'을 클릭해서 95% 할인을 할 수도 있습니다. 만약 10만 원짜리 객실을 오늘의 딜로 95%까지 할인했다면, 오늘의 딜 판매가는 5,000원이 됩니다. 그리고 여기서 수수료 10%가 빠지니 결국 네이버 측에는 10%

에 해당하는 500원만 들어가게 되는 것입니다.

즉, 500원으로 네이버의 좋은 평점을 작성하고 리뷰를 달 수 있는 것입니다. 비수기 평일에 비어 있는 객실을 이러한 방식으로 작업해나간다면, 금세 좋은 평점과 방문자 수 100개를 만들 수 있습니다. 그리고 이런 방식은 네이버 리뷰에 악플이 달려서, 밀어내기 방식을 쓸 때도 사용합니다. 사실 이런 꼼수를 권장하지는 않지만, 많은 광고 대행사나 펜션들이 실행하고 있는 방법이니 독자분들도 알아두는 것이 좋겠습니다.

하지만 떠나요, 야놀자, 여기어때 등의 통합관리 시스템을 이용해서 네이버 예약을 홈페이지의 실시간 예약 서비스와 연동해서 제휴업체가 대행하고 있을 때는 펜션 업주가 고객 관리에 직접 관여할 수 없는 경우도 있습니다. 물론 고객을 바로 응대하고 댓글에 응답하는 것이 고객 관리에 큰 도움이 됩니다. 하지만 대형 펜션의 경우, 중복 예약 방지와 수월한 관리를 위해 예약 대행사에 예약 관리를 맡겨 펜션 홈페이지 예약, 네이버 예약, 야놀자, 여기어때, 쿠팡 등 모든 예약 시스템을 한 번에 관리하기도 합니다.

지금 바로, 네이버 리뷰 수 100개에 도전해보세요!

4. 네이버 검색 광고 노하우(파워링크 광고)

펜션 창업자가 가장 어려워하는 것이 이 부분이지 않을까 싶습니다. 바로 네이버 검색 광고입니다. 네이버 검색 광고는 그 종류도 많고 세팅해야 할 것도 참 많습니다. 하지만 펜션을 노출하기 위한 광고라면 1~2가지 정도만 세팅해서 운영하면 되니 너무 어렵게 생각할 필요는 없습니다. 만약 네이버 검색 광고 세팅조차 어렵게 느껴진다면, 광고 세팅 부분만 대행해주는 곳들도 있으니 겁먹을 필요는 없습니다.

물론 대행을 맡기더라도 제대로 맡겨야 합니다. 이제 막 창업해서 경험이 전무한 펜션 업주가 어느 날 걸려온 텔레마케터의 이야기만 듣고 1년 또는 2년짜리 광고 계약을 하는 경우도 있는데, 물론 좋은 광고 대행사와 잘 계약하면 다행이지만 많은 광고 대행업체는 먹튀일 가능성이 꽤 큽니다. 그러니 광고 대행은 신중하게 결정해야 합니다.

여기에서는 네이버 광고가 어떻게 움직이는지 간단히 설명해보겠습니다. 네이버 키워드 광고가 어려워서, 시간이 없어서, 또는 신경 쓰기 귀찮아서 네이버 광고를 직접 집행하지 못하더라도 네이버 광고가 집행되고 실행되는 과정 정도는 이해하고 있어야 합니다. 이 책에서 네이버 광고의 매뉴얼을 모두 설명하기는 어려우니 간단히 소개하고 넘어가겠습니다.

출처 : 네이버

네이버 검색창에 상업적 단어들을 검색하면 보통은 '파워링크' 광고가 가장 상단에 보입니다. 보통 첫 페이지에 5개 정도의 광고가 보이고, '더 보기'를 클릭해 다음 페이지의 광고를 확인할 수 있습니다. 그러니 광고는 첫 페이지에 노출되는 것이 중요합니다.

이 광고 자리는 입찰제 방식으로 클릭당 단가를 조금이라도 더 높게 쓴 업체가 더 상단에 노출됩니다. 그렇기 때문에 네이버에서 '강릉 펜션'을 검색했을 때, 1위에 노출된 광고비가 클릭당 단가가 가장 비싸고, 5번째가 첫 페이지 중에서 클릭당 단가가 가장 저렴합니다. 이 광고 현황을 매번 들여다볼 필요는 없지만, 핫한 여름 시즌이나 황금 연휴 전과 같은 시즌에 돌입했다면, 적어도 아침저녁으로 한 번씩은 노출된 순위를 확인해볼 필요가 있습니다. 설령 광고 대행을 맡긴 상태라고 할지라도 자주 확인해봐야 합니다.

우리나라 사람들 대부분은 네이버 아이디가 있을 것입니다. 그런데 네이버에서 블로그나 카페 활동을 할 때 사용하는 아이디가 있다고 해서 바로 '네이버 광고주 아이디'가 생성되는 것은 아닙니다. '네이버 광고주 아이디'는 네이버에서 광고하기 위해 사업자가 직접 생성해야 합니다. 네이버 검색창에 '네이버 광고'를 검색한 후 네이버 광고 화면에서 신규 가입을 한 후 이용이 가능합니다.

■ 네이버 광고 로그인 화면 ■

출처 : 네이버

네이버 화면에 들어가면 업체 등록을 하고, 사용할 단어들을 입력해놓아야 합니다. 예를 들어, 강릉에서 펜션을 운영한다면 당연히 '강릉 펜션, 강릉 펜션, 강릉 펜션 추천, 강릉 가족 펜션, 강릉 풀빌라, 강릉 커플 펜션, 강릉 바다 펜션, 강릉 스테이, 강릉 숙소, 강릉 스테이' 등 소비자들이 검색해볼 수 있는 예상 단어들을 모두 등록해놓아야 합니다. 최소 100개 이상의 키워드를 등록해놓습니다. 그 안에는 비싼 키워드도 있고 저렴한 키워드도 있을 것입니다.

시즌에 돌입했을 때는 클릭당 1,000~3,000원 정도 하는 비싼 키워드일지라도 자주 노출시키고 평상시에는 너무 비싼 키워드는 클릭을 못 하도록 'off'로 해놓고 싼 키워드를 중심으로 노출시키면 됩니다.

비싼 키워드임에도 노출시켜도, 아깝지 않을 시기는 여름 성수기 전, 연휴 전, 목요일에서 금요일 사이 정도가 됩니다. 노출 후 구매 전환이 잘 이루어지는 시즌이기 때문입니다.

이러한 내용이 이해되지 않는 분들도 분명히 있으리라 생각됩니다. 그러니 앞서 소개한 키워드 광고 고객 센터의 가이드를 꼭 확인해보길 바랍니다. 키워드 광고의 모든 기능을 알 필요는 없습니다. 기본적인 활용 방법만 알아두면 됩니다.

네이버 광고에는 여러 방법이 있습니다. 브랜드 광고, 파워콘텐츠 광고, 지역 광고, 파워링크 광고 등이 있지만, 펜션에서 사용하기 좋은 광고는 파워링크 광고이기 때문에 처음 광고를 만들어낼 때는 파워링크 광고 방법만 알고 있으면 됩니다.

〈광고 전, 광고주(펜션 운영자)가 꼭 알아야 할 것들〉

① 키워드 광고 로그인 방법

② 광고 조회 수, 클릭 수 파악

③ 가상계좌에 광고 입금 방법

④ 광고 하루 예산 설정

⑤ 광고 만드는 방법

이 5가지를 알고 있다면, 키워드 광고는 어렵지 않습니다. 그럼 이 중에서 네이버 광고를 세팅하는 방법을 간단히 알아보겠습니다.

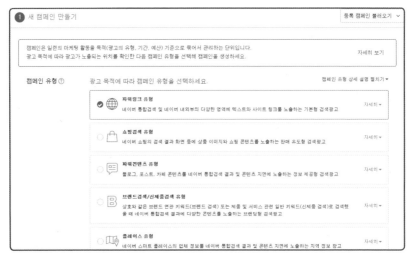

출처 : 네이버

네이버 광고 파워링크 세팅 방법

① 광고 만들기를 클릭

② 캠페인 유형을 파워링크로 선택

③ 캠페인 이름에 사업장 상호 펜션 이름을 입력

④ 전체 하루 광고 예산 설정

⑤ 고급 옵션에 기간을 설정(오늘부터 종료일 없이 계속 노출)

⑥ 저장하고 계속하기 클릭

광고 그룹은 광고의 운영과 효과 분석, 입찰을 진행하는 단위입니다.
광고 그룹을 기준으로 누구에게(타겟팅) 무엇을 보여 줄 것인가(소재)를 확인한 다음 광고 그룹을 생성하세요.   자세히 보기

광고그룹 이름   파워링크#2.광고그룹#1 **광고 편의상 그룹 이름을 입력한다.**

12/30

URL ⑦   URL을 선택하세요. ∨   **URL에 홈페이지 주소를 입력한다.**

기본 입찰가 ⑦   광고 클릭당 지불할 의사가 있는 최대 비용을 설정 합니다

① 기본 입찰가는 광고 그룹에서 키워드 혹은 소재별 입찰가가 설정된 경우를 제외한 모든 키워드와 소재에 적용되는 입찰가입니다.
광고 최종 입찰가는 (기본 입찰가 × 각 타겟팅 입찰 가중치 × 매체 입찰 가중치)로 결정됩니다. 최종 입찰가는 최대 10만원(VAT 제외)입니다.
여러 타겟팅에 입찰 가중치를 높게 설정한 경우, 기본 입찰가에 가중치가 연속으로 곱해져 큰 금액이 과금될 수 있습니다.
광고 만들기 이후에도 광고 그룹의 정보를 수정할 때 기본 입찰가를 변경할 수 있습니다. 최소입찰가는 70원(VAT 제외)입니다. 입찰가 설정 알아보기 〉

● 직접 설정
    70   원 70원에서 100,000원까지 입력 가능(10원 단위 입력)

○ 자동입찰 설정(beta)

하루예산 ⑦   하루 동안 이 광고그룹에서 지불할 의사가 있는 최대 비용을 설정합니다.

● 0   원 **광고 그룹당 하루 광고 예산을 설정한다.**
    하루예산을 입력하세요.

○ 제한없음

∨ 고급옵션 광고를 노출할 매체, 콘텐츠 매체 전용 입찰가, PC/모바일 입찰가 가중치를 설정할 수 있습니다.

매체 ⑦   광고 노출할 매체를 선택하세요

○ 모든 매체
● 노출 매체 유형 선택 ⑦

· PC/모바일 매체 선택   ● 전체 ○ PC ○ 모바일

· 세부 매체 유형 선택   ⊟ 검색 매체 자세히 보기
                            ☑ 네이버 및 검색 포털 매체
                            ☐ 파트너 매체
                         ☐ 콘텐츠 매체 자세히 보기
                            ☐ 네이버 매체
                            ☐ 파트너 매체

                         – 검색 매체 – 네이버 및 검색 포털 매체만 등록

〉 노출 제한 매체 설정하기

○ 노출 매체 개별 선택 **웹툰이나 기사 하단 등에 노출되는 의미 없는 광고를 막고자**
                      ***콘텐츠 매체 등에 표시하지 않는다.**

콘텐츠 매체   콘텐츠 매체 전용입찰가를 설정하세요.
전용입찰가 ⑦   ● 설정 안 함

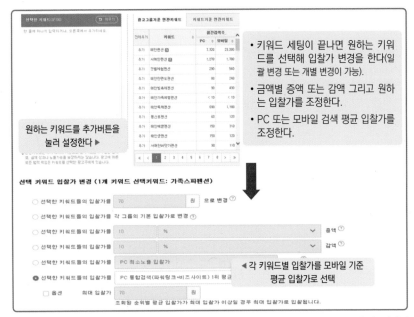

- 키워드 세팅이 끝나면 원하는 키워드를 선택해 입찰가 변경을 한다(일괄 변경 또는 개별 변경이 가능).
- 금액별 증액 또는 감액 그리고 원하는 입찰가를 조정한다.
- PC 또는 모바일 검색 평균 입찰가를 조정한다.

원하는 키워드를 추가버튼을 눌러 설정한다 ▶

◀ 각 키워드별 입찰가를 모바일 기준 평균 입찰가로 선택

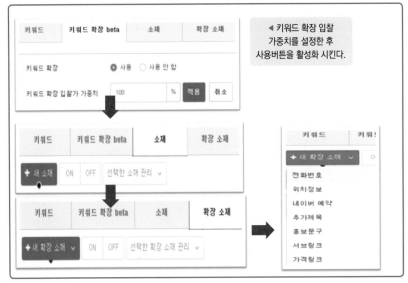

◀ 키워드 확장 입찰 가중치를 설정한 후 사용버튼을 활성화 시킨다.

키워드 추가가 완료되면 키워드 확장을 사용하되, 가중치를 설정합니다. 소재의 경우, 나의 사업장을 잘 설명해주는 이름과 설명 문구를 넣습니다(예: 홍길동 펜션 – 객실 전체 바다 전망의 럭셔리 풀빌라).

확장 소재에는 전화번호, 위치, 네이버 예약 등 키워드 광고 시에 함께 노출되는 것들을 설정합니다. 이후 펜션의 노출 순위를 파악해 집행한 입찰 경쟁 순위에서 밀리지 않도록 체크합니다.

네이버 키워드 광고 노하우

첫째, 대표 키워드 또는 비싼 키워드는 순위 4~5위로 설정해서 지출을 낮춥니다.

둘째, 저렴한 세부 키워드는 2위에 노출합니다.

셋째, 내 사업의 콘셉트에 맞는 키워드를 100개 내외로 등록합니다. 등록 후 성수기~비수기, 주중~주말 등의 기준으로 ON, OFF로 바꾸어 합리적인 지출을 합니다(예 : 평소 비싼 키워드는 OFF로 해놓고 성수기 전이나 목, 금요일과 같이 휴일 직전 등에는 ON으로 바꾸어놓습니다).

넷째, 검색 광고는 모바일 노출이 기준이며, 모바일 화면에서 상단에 파워링크 광고 자리가 보이지 않는 키워드는 사용하지 않습니다.

예를 들어, 다음 페이지의 자료처럼 네이버 검색창에 '강릉 펜션'이라고 검색하면 스마트폰 화면 가장 상단에 파워링크 광고 자리가 보입니다. 하지만 '강릉 펜션 여행'이라고 검색하면 가장 상단에 네이버 실시간 예약이 광고보다 먼저 노출됩니다.

■ '강릉 펜션' 검색 결과 ■

■ '강릉 펜션 여행' 검색 결과 ■

출처 : 네이버

네이버 검색창에 검색하는 글에 따라 검색 결과가 다르게 나옵니다. 즉, '강릉 펜션 여행'이라는 키워드는 파워링크로 광고하는 것보다는 네이버 실시간 예약 상단에 노출하기 위해 '네이버 플레이스 광고'를 집행하는 것이 더 중요합니다. 그리고 그 아래 네이버 실시간 예약 상단에 등록된 펜션들이 몇 개가 보이고, 다음으로 블로그, 카페, 웹페이지 등이 보입니다. 다시 말해, '강릉 펜션 여행'이라는 키워드는 파워링크 광고보다는 네이버 플레이스 광고가 유리하고, 돈을 내는 광고 집행하는 광고가 아니라면 네이버 실시간 예약 순위를 올리는 작업이 중요하며, 그다음으로 블로그나 카페, 웹페이지를 노출하기 위한 작업이 더 중요합니다.

광고를 등록할 때는 경쟁 펜션과는 차별화가 보이는 문구가 꼭 들어가야 클릭률이 더 높아집니다. 예를 들어, '홍길동 펜션 : 경기도 용인에 위치한 펜션'보다는 '홍길동 펜션 : 서울에서 가장 가까운 펜션'이라는 소재가 더 효과적입니다.

숙박 비즈니스의 1년 주기 광고 스케쥴

- 1~3월 : 스키장 주변이 아닐 경우, 극비수기 키워드 광고를 낮추고 SNS에 집중합니다(스키장 인근의 경우 스키장 관련 키워드 활용).
- 4~6월 : 봄 여행 관련 키워드를 최대한 많이 뽑고 노출 순위 1~2위로 올려놓습니다(단체 여행이 가능한 경우 단체 키워드를 노출합니다).
- 6~7월 첫째 주 : 키워드를 최대한 많이 노출하고 광고료를 높입니다.
- 7월 둘째 주~9월 셋째 주 : 비싼 키워드의 광고를 서서히 내립니다(키워드 광고 예산을 20% 정도로 낮춥니다).
- 10월 : 추석 이후 평균 광고의 50%로 올립니다(가을 여행 관련 키워드를 높입니다).
- 11~12월 : 겨울 여행 관련 키워드를 노출하되, 광고 예산 비중을 낮춥니다.

이 파워링크 광고는 설정만 잘해놓으면 특별히 손이 갈 것이 많지 많습니다. 하지만 이 키워드 광고가 어려워 대행을 맡기는 경우가 가장 많은 듯합니다. 만약 광고 대행을 맡기더라도 광고주(펜션 사장)는 광고가 돌아가는 방식을 꼭 알아야 합니다.

현재 네이버 키워드 광고 비용은 매우 높습니다. 그렇기 때문에 네이버 광고를 집행할 때는 너무 비싼 키워드가 아닌 낮은 단가의 키워드를 여러 개 등록하는 방식으로 광고를 해야 합니다.

5. 네이버 톡톡 활용

네이버 톡톡은 PC나 스마트폰에서 앱 설치가 필요 없이 바로 고객과 판매자 간 소통을 할 수 있는 메신저 도구입니다. 최근 소비자는 전화 통화보다 간단한 문의 등은 채팅으로 문제 해결을 하는 것을 더 선호합니다. 그렇기 때문에 PC나 스마트폰에 네이버 톡톡 앱을 깔아서 소비자의 질문이나 요청 사항을 실시간으로 접수하고 해결해야 합니다.

네이버 톡톡을 통해 자주 하는 질문으로는 '바비큐 시간', '바비큐 장소', '주변 편의점' 또는 '장을 볼 수 있는 곳 문의', '입·퇴실 시간' 등 소소한 것들이 대부분입니다. 자주 받는 질문은 미리 작성해놓아서 문의 고객에게 상세하고 빠르게 응대하면 고객 만족도를 더욱 높일 수 있습니다. 물론 네이버 톡톡과 같은 서비스를 사용하지 않아도 큰 문제는 없습니다. 하지만 확실치는 않지만, 네이버는 자사의 서비스를 잘 활용하는 업체에 더 많은 점수를 주는 듯합니다. 그러니 큰 불편이 없다면 네이버 톡톡이나 플레이스, 네이버 예약, 블로그 등의 대부분의 네이버 서비스는 이용하는 것이 좋습니다(네이버 톡톡 파트너센터의 고객센터에서 문제를 해결하고 설치 및 이용 방법을 확인할 수 있습니다).

에필로그

　어떤가요? 지금까지 소개한 광고 방법이 누군가에게는 쉬울 수도 있지만, 또 다른 누군가에게는 너무나도 어려운 일일 수도 있습니다.

　처음에는 누구나 초보자입니다. 세계에서 가장 빠른 카 레이싱 선수 미하엘 슈마허(Michael Schumacher)도 분명 면허 시험장에 들어가서 두근거리며 면허를 따던 시절이 있었을 것입니다.

　처음 시작할 때는 누구나 어설픈 실수를 하고 좌절하게 됩니다. 처음부터 잘할 수는 없으니 끈기를 갖고 꾸준하고 차분하게 계획대로 진행해나가야 합니다.

　이제 우리는 매월 따박따박 월급을 받는 직장인이 아닙니다. 어떤 달에는 마이너스가 날 수도 있고, 어떤 달에는 몇 배의 이익을 낼 수도 있습니다. 하루 매출에 연연하지 말고, 분기별 매출 또는 연간 매출을 어떻게 올릴 것인지 큰 계획을 세우고 마케팅도 천천히 정확하게 진행해야 합니다. 마음이 급해지면 내가 세운 계획이 쉽게 흔들리게 됩니다.

처음 바다낚시를 하는 사람들은 물고기가 잡히지 않으면 금세 답답해하고 조급해합니다. 하지만 옆자리에서 낚시하는 전문가가 "지금은 물때가 아니니 조금 기다리면 입질할 것입니다"라고 딱 한마디라도 해주면 조급함은 금세 사라지고 다시 진득하게 낚싯대를 잡을 수 있을 것입니다.

지금 우리가 불안해하고 기다리지 못하는 것은 언제 결과가 만들어질지 모르고, 옆에서 조언해줄 코치가 없어서 그럴 수도 있습니다. 하지만 이제 이 책에서 잘되는 펜션이 어떻게 광고하는지 확인했으니 조급해할 필요 없습니다.

앞에서 많은 펜션 광고 방법을 설명했습니다. 결국, 펜션 광고의 성패는 꾸준함에 달려 있습니다. 이제 그 방법을 알았으니 꾸준하게 실천해야 합니다.

사랑하는 아이들을 위해, 아내(남편)를 위해, 부모님을 위해 전쟁터 같은 온라인에서 경쟁하는 대한민국의 펜션, 풀빌라, 스테이 사장님들에게 이 책이 좋은 코치가 되길 바랍니다.

저는 앞으로도 펜션 사업을 위해 나아갈 방향을 찾길 원하는 분들에게 계속 교육하고, 또 이와 같은 길잡이가 되는 책을 써내도록 하겠습니다.

김성택

김성택 작가의 이메일 : buzzga@naver.com
김성택 작가의 유튜브 채널 https://www.youtube.com/buzzga2
김성택 작가의 네이버 카페 https://cafe.naver.com/buzzga/
김성택 작가의 인스타그램 https://www.instagram.com/kst0408/
김성택 작가의 연락처 010-4753-0227

카페

유튜브

인스타그램

풀빌라, 스테이, 펜션 홍보의 실전 기술
펜션 광고 마케팅

제1판 1쇄 2025년 4월 7일

지은이 김성택
펴낸이 한성주
펴낸곳 ㈜두드림미디어
책임편집 최윤경, 배성분
디자인 노경녀(nkn3383@naver.com)

㈜두드림미디어
등   록 2015년 3월 25일(제2022-000009호)
주   소 서울시 강서구 공항대로 219, 620호, 621호
전   화 02)333-3577
팩   스 02)6455-3477
이메일 dodreamedia@naver.com(원고 투고 및 출판 관련 문의)
카   페 https://cafe.naver.com/dodreamedia

ISBN 979-11-94223-60-3 (03320)